Antoine Rutayisire

Und trotzdem reiche ich dir die Hand

Ruanda zwischen Völkermord und Versöhnung

Für Israel, einen Mann, der lebte, was er predigte, der gleich am ersten Tag der Massaker niedergeschossen wurde.

Antoine Rutayisire

Und trotzdem reiche ich dir die Hand

Ruanda zwischen Völkermord und Versöhnung

Mit einer Einleitung von Dr. Wolfgang Reinhardt

Brendow
VERLAG + MEDIEN

Hinweis
Alle nicht namentlich gekennzeichneten Beiträge stammen von Antoine Rutayisire. Die Berichte wurden von den betroffenen Personen mitgeteilt und in ihren eigenen Worten aufgezeichnet.

Die Deutsche Bibliothek - CIP-Einheitsaufnahme
Ein Titeldatensatz für diese Publikation ist bei
Der Deutschen Bibliothek erhältlich.

ISBN 3-87067-857-7
Edition C, M 265

Aus dem Englischen von Karin Heidrich
Originally published under the title »Faith under fire« by
African Enterprise, Essex

Einbandgestaltung: Kortüm + Georg,
Agentur für Kommunikation, Münster
Titelfoto: dpa
Satz: AbSatz, Klein Nordende
Druck und Bindung: Koninklijke Wöhrmann, NL-Zutphen
Printed in The Netherlands

Inhalt

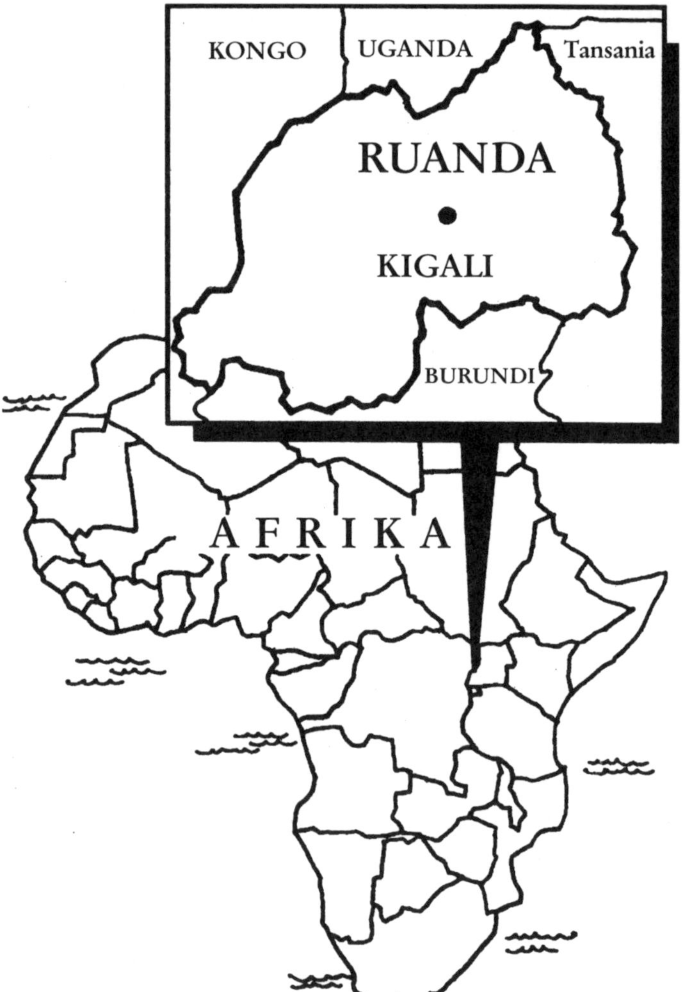
KONGO
UGANDA
Tansania
RUANDA
KIGALI
BURUNDI
AFRIKA

Glossar

Hutu, Tutsi, Twa: abgekürzte Ausdrucksweise der korrekten Bezeichnungen Abahutu, Abatutsi und Abatwa für den Plural der Angehörigen der drei Volksgruppen Ruandas (Singular: Umuhutu, Umututsi, Umutwa).

Akazu: (»Kleines Haus«) Machtelite-Clan um die Frau des Diktators Habyarimana.

CDR: Coalition pour la Défense de la République (»Koalition zur Verteidigung der Republik«: fanatisch-extremistische tutsifeindliche Hutupartei, die schließlich in Opposition zu Präsident Habyarimana ging, weil er ihnen zu moderat war; später einer der Hauptorganisatoren des Völkermords)

FAR: Forces Armées Rwandaises: Armee des Regimes Habyarimana und der Interimsregierung nach seinem Tod.

Gacacas: traditionelle Ortsgerichte, die zur Unterstützung der nationalen Gerichte die Fälle der Angeklagten unter Kategorie 2-4 verhandeln sollen (also alle außer den Hauptverantwortlichen des Genozids sowie notorischen Mördern und Vergewaltigern) – »keine Versöhnungt ohne Gerechtigkeit«.

Interahamwe: Mördermilizen der Hutuextremisten

Inyenzi (»Kakerlaken«) verachtende Bezeichnung für die exilierten Tutsi.

MRND: Mouvement Révolutionnaire National pour le Développement (»Revolutionär nationale Bewegung für die Entwicklung«: Habyarimanas radikale Einheitspartei, Machtinstrument einer kleinen Führungsclique; viele ihrer Führer unter den Hauptverantwortlichen des Völkermords.

FPR: Front Patriotique Rwandais = der politische Arm der Widerstandsarmee (RPA) gegen das Habyarimana Regime, die im Juli 1994 die Macht übernahm.

RTLM(C): Radio Télévision Libre des Mille Collines: die »freie« Radiostation von Hutu-Extremisten, die mit ihrer unmenschlichen und mörderischen Propaganda wesentlich den Völkermord vorbereiteten und logistisch unterstützten.

Gott im Grauen des Völkermordes

Von Dr. Wolfgang Reinhardt

»Die Engel haben uns verlassen«, sagte ein Mädchen, das als Einzige ein Massaker in einer Kirche Ruandas überlebt hatte. Sie hatte solche unvorstellbaren Grausamkeiten erlebt, dass sie ein schweres Trauma erlitt. »The Angels Have Left Us« war auch der Titel eines bekannten Buches des kanadischen Journalisten Hugh McCullum über die Vorgeschichte und die Ereignisse des Völkermords in dem kleinen afrikanischen Land, der am 6. April 1994 begann. In 100 Tagen wurden 800 000 bis eine Million Menschen, vor allem aus der Volksgruppe der Batutsi, aber auch oppositionelle Bahutu, umgebracht, zu Tode gefoltert, häufig buchstäblich abgeschlachtet.

Die Ereignisse von 1994 haben eine lange Vorgeschichte, die in zwei Kapiteln dieses Buches zusammengefasst ist. Auch die Mitschuld eines großen Teils der Verantwortlichen in den Kirchen wird hier deutlich genannt. Heute gibt es sehr selbstkritische Stimmen, auch von katholischer Seite, die erkannt haben, dass man oft nur christianisiert, aber nicht wirklich evangelisiert habe.

Unterstrichen werden soll für die Spätphase nach dem Beginn des Bürgerkrieges ab 1990 der Einfluss extremistischer Bahutugruppierungen, die einen mörderischen Propaganda-Feldzug starteten, ohne den die Gräuel des Völkermordes nicht zu verstehen sind. Schon wurden in der rassistischen Zeitung Kangura die berüchtigten "Zehn Gebote der Hutu" der extremistischen Bahutu-Partei CDR veröffentlicht, in denen es etwa hieß:

> »Jeder Hutu muss wissen, dass jede Tutsi-Frau ... nur im Dienste ihrer Tutsi-Ethnie arbeitet. Folglich ist jeder Hutu ein Verräter, der: eine Tutsi-Frau heiratet – sich mit einer Tutsi befreundet – eine Tutsi-Frau zu seiner Sekretärin oder zu seiner Geliebten macht ... Alle strategischen Posten in der Politik, Verwaltung, Wirtschaft, Armee und in der Sicherheit müssen an Hutu vergeben werden ... Die Hutu müssen aufhören, Mitleid mit den Tutsi zu haben.«

Diese Entwicklung hat die Kirchen vergiftet, sodass sie als die einzigen, die Anwalt der leidenden Bevölkerung hätten sein können, weitgehend angepasste Unterstützer der Diktatur des Präsidentengenerals Habyarimana waren. Dass die Kirchenleitungen vor und nach der Revolution keine wirkliche moralische und geistliche Führung gegeben haben, hat mit dazu beigetragen, dass der Völkermord von 1994 so relativ ungehindert vor sich ging und unglaublich viele aktive Mittäter in der Bevölkerung fand, die zu über 90% den christlichen Kirchen angehörten.

Eine unter dem Druck des Auslands entstandene Mehrparteien-Übergangsregierung konnte organisierte Pogrome und Massaker sowohl an den Batutsi als auch an den gemäßigten Bahutu nicht verhindern. Dabei spielten extremistische Bahutuparteien, mit ihnen auch das Akazu (»das Häuschen«), der Familienclan der Präsidentengattin Agathe Habyarimana, Presseorgane und Radiosender wie RTLM eine verhängnisvolle Rolle. Sie schüren besonders unter den arbeits- und perspektivlosen Jugendlichen ein Klima des Misstrauens und der Kampfbereitschaft. Es bilden sich die paramilitärischen Milizen, die »Interahamwe« (»die gemeinsam kämpfen«), teilweise von den Franzosen ausgebildet, die eine besonders verhängnisvolle Rolle vor und während des Völkermords spielten. Die Milizen brachten dann 1994 mit äußerster Brutalität auch ihre eigenen Verwandten und Nachbarn um, weil sie Batutsi und damit »Kakerlaken« seien, die man zertreten müsse.

Sofort nach dem – bis heute trotz anderslautender Meldungen ungeklärten – Abschuss des Flugzeuges über Kigali am 6. April, dem unter anderem der ruandische, aber auch der burundische Präsident zum Opfer fielen, begannen die lange geplanten Massaker an den Batutsi und den oppositionellen Bahutu. Wer immer noch den Eindruck erwecken will, als wäre erst der Flugzeugabschuss Auslöser der Massaker gewesen, verfälscht die Geschichte: es gibt eindeutige Beweise, dass hier ein Völkermord von langer Hand systematisch vorbereitet war.

Bereits wenige Stunden später waren die Straßen Kigalis mit Leichen übersät. Die internationale Gemeinschaft hat damals schändlich versagt: frühe Warnungen wurden bewusst unterschlagen, die belgischen Blauhelmsoldaten unter den Drohungen abgezogen. Der UN-Sicherheitsrat beschloss kurz nach dem 4. April 1994, das 2700 Mann starke Kontingent bis auf 270 Zivilisten und Militärs zu reduzieren, die ohne Mandat zum Eingreifen zusehen mussten, wie vor ihren Augen Menschen zu Tode geschleift, erschossen oder zerhackt wurden.

Ein erschütterndes Beispiel schon aus den ersten Stunden und Symbol für den Terror ist die Ermordung der mutigen Premierministerin Agathe Uwilingiyimana auf dem Gelände der UN. Nach einem Radiointerview versuchte sie in Panik über die Mauern zu klettern, rannte um ihr Leben und wurde vor den Toren des Grundstücks im Angesicht der machtlosen belgischen Soldaten niedergeschossen. Eine Verstärkung der Truppen mit entsprechendem Mandat zum Eingreifen hätte sicher den Völkermord verhindern können.

In den folgenden Wochen werden im ganzen Lande Hunderttausende nach bereits im Vorfeld erstellten Todeslisten in ihren Häusern oder auf der Flucht an überall errichteten Straßensperren ermordet. Darunter sind auch Journalisten, Priester, Nonnen, Mitarbeiter verschiedener Kirchen. Immer wieder werden Tausende in Stadien oder anderen Gebäuden zusammengepfercht und mittels Macheten oder Handgranaten auf brutale Weise getötet. Auch vor den Kirchen, die in früheren Zeiten als Zufluchtsorte galten, machen die Mördermilizen nicht halt, gerade hier sterben Abertausende. Aus diesem Grund ist es nur zu verständlich, dass einige Überlebende sich bis heute weigern, eine Kirche zu betreten.

Eindrucksvoller als unvorstellbare Zahlen sind Einzelschicksale wie das von Theresa. Sie ist fünffache Mutter und erzählte unseren Freunden in Ruanda, dass ihr ein schreckliches, schändliches Schicksal widerfuhr. Ihr Überleben kann nur als Wunder angesehen werden.

»Am 10. April kamen die Mörder zu unserem Haus. Mein Mann wurde getötet, ich konnte mit den Kindern zu Nachbarn fliehen. Am 20. April hörten wir, dass es nun wieder sicher sei und wir kehrten in unser Haus zurück. Doch dort konnten wir nur eine Nacht bleiben.

Am folgenden Tage wurde ich mit vier anderen Frauen ergriffen. Wir wurden vergewaltigt und dann zu einer Grube gebracht, wo wir getötet werden sollten. Vorher nahm man uns noch die Kleider ab. Mit Knüppeln wurden wir auf den Schädel geschlagen und in die Grube geworfen. Danach schleuderten sie Handgranaten hinterher. Doch ich blieb am Leben. Immer mehr Körper fielen in die Grube, aber es gelang mir, nicht von ihnen begraben zu werden. Es war wie ein Wunder. Ich betete und bat Gott, sich daran zu erinnern, wie er Daniel geholfen hatte. Nach drei Tagen – ich weiß nicht, wie – gelang es mir, aus der Grube zu klettern. Es war Nacht. Ich traf auf Leute, die sich in der Gegend herumtrieben. Sie waren bereits im Begriff, mich zu töten, als Pastor Elie kam und sie bat, mich nicht umzubringen. Zuerst wollten sie nicht auf ihn hören, denn sie wussten, dass die Frau des Pastors ebenfalls eine Tutsi ist. Schließlich ließen sie ab von ihrem Plan, versprachen aber, wiederzukommen und mich dann nicht mehr zu verschonen. Pastor Elie nahm mich mit in sein Haus. Am folgenden Tag kamen die Mörder wieder. Doch durch eine geheime Spalte im Haus konnte ich fliehen … ohne richtig zu wissen, wohin … Ich habe kein Haus in Kigali. Das unsere ist zerstört. Ich habe Angst, in meinen Heimatort Butare zurückzukehren. Dort gibt es niemanden mehr: Ich weiß nicht, was ich tun soll. Aber Gott weiß es.«

Die schrecklichen Ereignisse in Ruanda sind uns heute kaum noch in Erinnerung. »Wenn es einen Gott gibt, warum greift er nicht ein und lässt er solches Leid an vielen unschuldigen Menschen zu?«, fragen Menschen, nicht immer aus wirklicher Betroffenheit. Viele der Betroffenen in Ruanda antworten – oft unter Tränen: »Gott war dennoch gegenwärtig!« Er war auch mitten in diesem entsetzlichen Geschehen, von dem eine Zeitung schrieb, dass alle Teufel die Hölle verlassen und sich in Ruanda versammelt hätten. Freilich nicht ein erträumter Gott, der einfach alles Böse, was Menschen über lange Zeit durch Hass und Vergeltung gesät haben, verhindert. Aber viele haben erschütternde Zeichen seiner Gegenwart gesehen. Diese Zeugnisse sind bisher auch von deutschen Missionsgesellschaften, die mit Ruanda zu tun hatten, nicht veröffentlicht worden, sie dürfen aber nicht verschwiegen werden. Es sind Berichte sehr unterschiedlicher Art, aber manchen Zeugen sieht man an ihren Gesichtern noch heute an, dass sie etwas von der erschütternden Präsenz Gottes mitten im Grauen gespürt haben. Damit sind keineswegs alle brennenden Fragen beantwortet, aber hier und da ist die Kraft und Herrlichkeit Gottes aufgeleuchtet *sub specie contraria:* verhüllt unter ihrem Gegenteil, wie es die Reformatoren von dem gekreuzigten Gott aussagten. Mindestens drei Arten von Wundern sind hier zu erwähnen. Es gibt viele erschreckende Beispiele, wie Kirchen und Christen vor und während des Völkermordes in Ruanda schändlich versagt haben, zu Komplizen oder aktiven Mördern wurden. Aber weniger bekannt gemacht wurden die vielen Beispiele, dass Bahutu Batutsi unter Lebensgefahr versteckten. Es gibt Zeugnisse für die unzerstörbare Einheit der Christen und Martyriumsberichte. Auch das Zeugnis dieser Märtyrer aus jüngster Zeit darf nie vergessen werden!

Das Wunder der christlichen Einheit bis in den Tod

> Eine bewegende Geschichte ist die der Kirche von Ruhanga. Als die Milizen kamen, flohen die Christen und andere in die Kirche. Sie wurden aufgefordert, herauszukommen. Dann wurde angeordnet, dass die Batutsi auf die eine Seite gehen sollten. Doch alle, Batutsi und Bahutu, gingen dorthin. Den Bahutu wurde befohlen, zurückzugehen, aber sie lehnten das ab. Sie sagten, dass sie lieber mit ihren Brüdern in den Himmel gehen wollten. Alle wurden getötet.

Es gab zwei ähnliche Ereignisse in der Gegend von Kigali. Eine Gruppe von Menschen betete in einer Pfingstkirche. Als die Interahamwe-Milizen kamen, sagten sie: »Alle Batutsi sollen herauskommen!« Die Menschen in der Kirche aber antworteten: »Hier gibt es keine Batutsi.« – »Na gut, dann sollen eben alle Bahutu herauskommen.« – »Es gibt hier keine Bahutu! Hier gibt es nur Kinder Gottes!« So wurden sie alle umgebracht.

Die meisten der Batutsi, auch der gläubigen Christen, wurden nicht verschont. Dieser Einwand wird häufig gegen die Zeugnisse wunderbarer Bewahrung ins Feld geführt, aber es wäre eine unverantwortliche Konsequenz, wenn darüber die anderen Berichte der durch Gott bewahrten und veränderten Überlebenden verschwiegen würden (die meist auch schreckliche Zeiten durchgemacht haben, in aller Angst häufig nur getragen von einem kostbaren persönlichen Zuspruch aus der Bibel).

Das Wunder der Bewahrung

Die, die bewahrt wurden, hielten sich nicht etwa für frömmer als die, die getötet wurden. Sie konnten ihre Rettung nicht begreifen, aber sie müssen »von allen seinen Wundern« erzählen. Und sie haben später ohne eine Antwort auf das Warum nach dem Wozu gefragt. Nicht selten sind dabei biblische Geschichten unglaublich aktuell geworden, ja man bekommt hin und wieder sogar den Eindruck, als hätten sich Erzählungen der Bibel in Ruanda wiederholt. Auch das ist für eine rationalistisch-oberflächlich geprägte westliche Welt und Theologie, die häufig in unwissenschaftlicher Weise Wunder für unmöglich hält, eine kostbare Herausforderung.

So erzählte ein presbyterianischer Pastor, wie es, nachdem er von dem Flugzeugabsturz gehört hatte, sein einziger Gedanke war, zu seiner Frau und seinen Kindern nach Butare zu gelangen, weil er wusste, dass sie sich als Tutsi in ernster Gefahr befanden. Als er sah, was in Butare geschah, geriet er in Panik. Aber als er nach Hause kam, fand er seine Familie wohlbehalten vor. Sie lasen die Geschichte von Noah und es war, als würde Gott dadurch zu ihnen sagen: »Euer Haus wird wie Noahs Arche sein. Ich werde euch einschließen und Engel um euer Haus senden, um euch zu beschützen.« Mehrere Male kamen die Interahamwe (die Mörderkommandos), aber irgendetwas hielt sie davon ab, die Pastorenfamilie zu töten. »Wir kommen wieder!«, sagten sie, doch dazu kam es nicht. Selbst als die Zustände in Butare noch schlimmer wurden, blieb der Pastor mit seiner Familie dort. Die Franzosen, die übrigens eine äußerst fragwürdige Rolle vor und während des Völkermords gespielt haben, kamen und wollten sie evakuieren, aber sie sagten: »Das sind nicht unsere versprochenen Engel! Wir werden in unserer Arche bleiben, wo wir unter Gottes Schutz sind.« Als der Krieg nach Butare kam, befanden sie sich direkt in der Feuerlinie, aber alle Kugeln flogen über das Haus! Und ihr Haus wurde auch nicht geplündert. Als schließlich die FPR kam, fragten sie, wer sie denn beschützt hätte. Sie sagten: »Gott tat es.« – »Dann müsst ihr aber einen sehr starken Gott haben«, war die verblüffte Antwort.

Ein anderes Beispiel erzählte mir ein Ehepaar, mit dem ich inzwischen sehr freundschaftlich verbunden bin; hier schien sich die biblische Mannageschichte zu aktualisieren. Der in diesem Buch abgedruckte spannende Bericht der Familie *Gakwandi,* der es verdient, auf der Kanzel und bei vielen anderen Gelegenheiten weitererzählt zu werden, soll hier nicht vorweggenommen, nur kurz zusammengefasst werden:

> Jean Gakwandi stand mit seiner Frau Viviane und ihren vier Kindern auf der Todesliste. Aber sie erhielten am Abend des 6. April die biblische Zusage: »Der Name des Herrn ist eine feste Burg; der Gerechte läuft dorthin und wird beschirmt« (Spr. 19,10). Dieser zunächst nicht verstandene Zuspruch Gottes hat sie in aller Angst begleitet und besonders Jean immer wieder ans Überleben glauben lassen, obwohl die Umstände so waren, dass sie mehrmals mit dem Leben abschließen konnten.
> Mehrere Tage lang mussten sie zusammengepfercht und mucksmäuschenstill zunächst in der Vorratskammer ihres eigenen Hauses und später im Kleiderschrank im Hause eines befreundeten deutschen Ehepaares verbringen. Zweimal kam die Miliz mit vielen Mördern, bewaff-

net mit Buschmessern und Gewehren, um sie umzubringen. Erstaunlicherweise wurden sie in den ersten Tagen nicht entdeckt und erlebten eine wunderbare Versorgung in ihrer Hilflosigkeit (u. a. durch Pilze gerade nur für einen Tag wie das biblische Manna!).

Jean Gakwandi hat sich wie andere Überlebende oft gefragt, warum gerade er mit Frau und Kindern am Leben geblieben ist, während seine ganze übrige Familie mit 99 Verwandten umgebracht wurden. Er sieht den Sinn ihres Lebens nur noch darin, von dem Gott zu erzählen, »der Wunder tut« und den vielen Überlebenden des Völkermords zu helfen, die tief traumatisiert sind.

Das Wunder der Vergebung und Versöhnung

Bischof Ken Barham aus der südlichen Diözese von Cyangugu (an der Grenze zum Kongo), steckte mir während der Konferenz in Gahini 1997 einen handgeschriebenen Bericht zu, der übersetzt weitergegeben werden soll: Nachdem er im Oktober 1994 die Verantwortung für diese große Diözese bekommen hatte, fand er nur noch drei Geistliche. Um Katecheten für die Ordination vorzubereiten, holte er einen Mann aus Gahini, der nach Kigali zurückgekehrt war. Er war ein Canon (ein »Kirchenrat« des Bischofs) der anglikanischen Kirche und befand sich bereits im Ruhestand. Dieser Canon Yona kam nach Cyangugu, lebte vier Monate im Haus des Bischofs mit sechs Katecheten und unterrichtete sie. Bei ihrer späteren Ordination gab Canon Yona sein Zeugnis.

Er lebte im Ruhestand in Gahini mit seiner Frau, den Kindern, Enkelkindern und Urenkeln. Im April 1994 kamen die Interahamwe nach Gahini. Sie ließen ihn zusehen, wie sie seine Familie töteten und sagten: »Wir werden euch Batutsi schon zurechtstutzen.« Mit Buschmessern schnitten sie zuerst ihre Finger ab, dann die Fußknöchel. Schließlich wurde ihnen der Kopf abgehackt. Sie schlachteten die ganze Familie, verbrannten Häuser und nahmen die Kühe mit. Dann schnitten sie Yonas Kehle auf. Sie liefen davon, weil sie hörten, dass die FPR auf dem Weg hierher war. Die FPR-Soldaten fanden Yona im Sterben auf der Straße liegen. Sie brachten ihn ins Krankenhaus von Gahini, wo er geheilt werden konnte. 1995 lebte er vier Monate lang im Haus von Bischof Barham. Er, ein Tutsi, dessen ganze Familie abgeschlachtet worden war, unterrichtete sechs Hutu-Männer. Er sagte: »Christus hat mir meine Sünden vergeben, und ich vergebe den Hutu, die meine Familie getötet haben.« Die sechs Diakone liebten diesen Canon und waren alle tief von seinem Zeugnis bei der Ordination berührt.

Es gibt einige solcher Zeichen der Vergebung. Sie sind auch dringend nötig angesichts der vielen Gewalt und Racheakte, die in den letzten Jahren stattgefunden haben. Viele Initiativen und Konferenzen zur Versöhnung hat es seitdem gegeben. Eine davon war die Konferenz in Gahini im September 1997. Sie sollte der Heilung der seelischen Wunden, der Versöhnung und Erweckung dienen. Gahini war ja der Ausgangsort der großen Erweckungsbewegung Anfang der 30er-Jahre, die in den folgenden Jahrzehnten viele Länder Ostafrikas durchdrang und immer wieder neu entflammte. Afrikanische Kirchenführer hatten zu dem Treffen in Gahini eingeladen, das der deutsche – inzwischen verstorbene – Missionsberater von Partners in Mission, Wolfgang Heiner, Canon der Kirche von Uganda, vorgeschlagen und mit seiner jahrzehntelangen Erfahrung tatkräftig unterstützt und koordiniert hatte. Es war eine große Ermutigung für die ruandischen Kirchen, dass Christen aus vielen Ländern Afrikas, aber auch aus Europa und USA anwesend waren. Unter den über 2000 Dauerteilnehmern (beim Abschlussgottesdienst waren es 5000) fanden sich auch viele Chöre und über 20 Bischöfe und Kirchenführer ostafrikanischer Länder, darunter auch der anglikanische Erzbischof von Uganda.

Erwähnt werden soll bei dieser Gelegenheit auch das »Detmolder Bekenntnis« vom Dezember 1996. Es war auch ein Wunder, dass bei einer ökumenischen Zusammenkunft von Batutsi, Bahutu und Deutschen in Detmold-Hiddensen nach vielen Gebeten und dem Austausch von Lebenszeugnissen spontan dieses Schuldbekenntnis der drei Gruppen zustande kam. Obwohl die versammelten Personen nicht an den Morden beteiligt gewesen waren, bekannten die anwesenden Bahutu und Batutsi stellvertretend die »Schrecken und Grausamkeiten«, die jeweils von ihren ethnischen Gruppierungen ausgegangen waren. Die anwesenden Deutschen bekannten die Mitschuld und das Versagen der westlichen Welt. Ein eindrucksvolles Zeugnis, das an das Stuttgarter Schuldbekenntnis, in gewisser Hinsicht auch an den Geist öffentlicher Schuldbekenntnisse in der Ostafrikanischen Erweckungsbewegung erinnert.

Noch wichtiger und schwerer freilich sind die praktischen Schritte zur Buße und Vergebung, etwa in den Gefängnissen, nach einer ins Herz treffenden Verkündigung und Vergebungsbereitschaft der Angehörigen von Opfern, oder in den vielen Versöhnungsseminaren, wie sie etwa von AEE (African Evangelistic Enterprise) durchgeführt werden, was der Herausgeber dieses Buches, Antoine Rutayisire, in seinem Beitrag schon andeutet und in einem weiteren Buch ausführlich dokumentieren will.

Einen unschätzbar wertvollen Beitrag zur Versöhnung und Heilung der Wunden leisten auch einige Hilfsprojekte, die unsere Unterstützung verdienen, und von denen hier stellvertretend nur eines genannt sei:

Die ***Trost-Dienste*** (*Solace Ministries* nach dem Leitwort aus Jesaja 40 »Tröstet, tröstet mein Volk«) versuchen Witwen und Waisen in Raum Kigali und darüber hinaus in ihrer verzweifelten Situation zu helfen. Die Verantwortlichen, Direktor Jean Gakwandi und seine Helfer, sorgen einerseits für die praktisch notwendigen Dinge: erste Unterkünfte oder Reparatur der Wohnungen, Nahrung, Kleidung, Medizin, Schulgeld, Anleitung zur landwirtschaftlichen Selbstversorgung und Berufsausbildung, Gesundheitserziehung usw. Sie haben aber sofort erkannt, dass das längst nicht ausreicht. Die meisten Opfer haben gebrochene Herzen, leben in ständiger Traurigkeit und mit psychosomatischen Folgen der grauenhaften Erlebnisse. So brauchen die traumatisierten Frauen und Waisen, die oft nicht einmal über ihre Erlebnisse sprechen oder weinen können, vor allem innere Heilung und geistliche Hilfe. Solace Ministries bietet darum Seelsorge und seelische Hilfen an, hält Seminare über Heilung, Vergebung und Versöhnung. Sie haben erfahren, dass nichts so sehr aus der tiefen Verzweiflung herausreißen kann, wie das lebendige Wort Gottes in der Bibel, das Gebet und die liebende Gemeinschaft der Christen. Die Gottesdienste sind von großer Freude und herzlicher Anteilnahme geprägt. In einem Lied hört man die Frage: »Was hast du dem Herrn gegeben dafür, dass du noch am Leben bist, während so viele andere getötet wurden?« Während bei uns oft schnell die Anklage gegenüber Gott erhoben wird: »Womit habe ich das verdient?!«, fragen diese für ihr Leben gezeichneten Menschen, die die Hölle des Völkermords überlebt haben, umgekehrt: »Womit habe ich es verdient, dass ich noch am Leben bin?«

Darum haben sie begonnen, das Solace Centre, ein Seelsorgezentrum und Gästehaus für tägliche Beratung, größere Treffen und Seminare zu bauen. Dafür und für ihre vielfältigen Aufgaben im Land, z. B. für Freizeiten mit traumatisierten Kindern, brauchen sie dringend weitere Unterstützung durch Freunde und Gemeinden aus dem Ausland. Es gibt noch zu wenige Mitarbeiter und Mittel, um die vielen Aufgaben zu bewältigen oder weitere Kräfte einzustellen – die einheimischen Mitarbeiter geben viel von ihrem ohnehin geringen Gehalt ab. Es wäre ein schönes Zeichen, wenn Christen und Gemeindegruppen aus Deutschland (woher auch die ersten evangelischen Missionare Ruandas kamen, nämlich von der Bethel Mission im Jahre 1907) durch ihre Unterstützung deutlich machten, dass sie die Leiden ihrer Schwestern und Brüder in Ruanda nicht gleichgültig lassen, nachdem die Staatengemeinschaft während des Völkermords in so beschämender Weise versagt hat.

Zeugen der Hoffnung

Von Antoine Rutayisire

Die Idee, Berichte über die Taten von Christen während der Massaker von 1994 zu sammeln, kam mir zum ersten Mal an einem Sonntag in den Sinn, im Lager von Byumba.

Der Gottesdienst an diesem Tag war besonders reich an Zeugnissen darüber, wie gut der Herr zu so vielen gewesen war. Ein Zeugnis beeindruckte mich durch seine Echtheit und Tiefe. Eine Dame, Rosalie, wurde auf Krücken in die Kirche gebracht. Ihr Gesicht und in der Tat ihr ganzer Körper war noch von weißen Bandagen umwickelt. Ihr Hals wurde von einem Spezialkragen aus Gips in Position gehalten. Ich empfand tiefes Mitleid.

Dann, mitten im Gottesdienst, stand sie auf und fragte, ob sie ebenfalls ein kurzes Zeugnis sagen könnte. Ich erwartete eine Tirade von Selbstmitleid und Anschuldigungen, eine Aufzählung von all dem Leid und Elend, das sie durchgemacht hatte. Ich rechnete damit, dass sie Sympathie für sich und Zorn auf die Kriminellen, die ihr das angetan hatten, erwecken wollte. Aber Rosalie erstaunte uns alle durch den positiven Lobpreis, den sie dem Herrn gab. Sie erzählte der Versammlung, wie die Interahamwe sie gefangen hatten, wie sie ihre gesamte Familie getötet hatten und ihr dann an allen todbringenden Stellen Schnittwunden beigebracht hätten, an ihren Schläfen, ihrem Hals und überall an ihrem Körper. Sie wurde zum Sterben am Straßenrand liegengelassen. Drei Tage lang blutete sie und litt unter Schmerzen, Durst und Kälte. Schließlich wurde sie von FPR-Soldaten gefunden, die ihr Erste Hilfe leisteten und sie dann ins Krankenhaus brachten. Sie erzählte sachlich die Fakten ihrer Geschichte, ohne irgendeinen Versuch emotionale Reaktionen zu erzeugen und pries dabei den Herrn für jedes Detail ihrer Rettung.

Der Abschluss war noch gewaltiger als die Geschichte. »Ich kenne all die Personen, die mir dies angetan haben. Sie waren unsere nächsten Nachbarn. Ich sprach mit ihnen und sie gaben mir Zeit, um für sie zu beten, bevor sie auf mich einschlugen und ich betete für sie bis ich das Bewusstsein verlor. Ich vergab ihnen, bevor sie es taten und ich empfinde immer noch Vergebung für sie. Sogar wenn ich sie heute treffen sollte, würde ich sie nicht der Justiz ausliefern. Ich habe ihnen vergeben und ich wünsche ihnen Gutes. Ich weiß, dass es der Teufel war, der sie dazu gebracht hat solche Gräuel zu begehen und ich bitte den Herrn, ihre Seelen vom Verderben zu erlösen.«

Angesichts des Zustands, in dem sie sich befand, war ihr Zeugnis so gewaltig. Ich sollte später weitere, ähnliche Zeugnisse von Christen hören, die gestorben sind, während sie für ihre Mörder beteten und sie sogar zur Buße riefen. Bedauerlicherweise konnten wir keine detaillierten Zeugnisse dieser Art sammeln, da die Menschen, die sie uns hätten geben können, tot sind.

Die Berichte dieses Buches kamen zu uns durch die Überlebenden. Viele von ihnen waren Zeugen von entsetzlichen Tötungsszenen, viele haben zufällig mitangehört, wie die Mörder nach dem Töten solcher Menschen Reue empfanden.

Die Gefahr einer Zusammenstellung dieser Art besteht darin, dass die Überlebenden die Erfolgreichen zu sein scheinen. Sie haben in der Tat Glück gehabt – aber wir glauben, dass die, die in Christus eines tapferen und vergebenden Todes starben, ebenso erfolgreich sind. Christen sind dazu berufen, Zeugen für Christus zu sein und, ob sie leben oder sterben, wenn sie das tun, dann sind sie nicht vergeblich gestorben.

Diese Sammlung ist voller Lob über Gottes Fürsorge und Bewahrung für die, die überlebten. Aber die Überlebenden möchten Gott auch dafür danken, dass den Christen, die gestorben sind, die Gnade und der Mut zum Sterben gegeben wurde ...

Nach dem Völkermord kamen die kritisierenden Angriffe gegen die Kirche in Ruanda. Ihr wurde die Schuld an dem Versagen gegeben, die Massaker zu stoppen. Es klang, als ob alle Christen versagt hätten. Und es klang, als ob alle Hutus Kriminelle und Extremisten wären. Das wurde vielen Christen nicht gerecht, die heldenhafte Positionen einnahmen und ihre Nachbarn beschützten, häufig indem sie ihr eigenes Leben riskierten. Solche Taten der Tapferkeit würden unbemerkt bleiben, wenn sich niemand die Mühe machte, sie zu sammeln.

Menschen haben darum gebeten dies zu tun, wie in diesem Auszug von einer Konferenz:

»... auch wenn die Kirche als Institution versagt hat, gibt es Zeugnisse von einzelnen Christen und von Gruppen christlicher Initiativen, die geholfen haben Leben zu retten oder die sogar ihr Leben für andere gegeben haben. Niemand redet viel über diese. Aber ihre großartigen Zeugnisse sollten gesammelt, aufgeschrieben und publiziert werden. Sie sind die Hoffnung des Landes, denn diese Christen haben die Barrieren von Hass und ethnischer Trennung überwunden.« (Pastor Malachie Munyaneza, zitiert von Michael Cassidy)

Eine ähnliche Bitte wurde von Roger Bowen in einem Vortrag 1995 geäußert:

»Die Herausforderung, eine tiefere, grundlegendere Identität in Christus zu finden, wo es weder Juden noch Griechen, Hutu oder Tutsi gibt, scheint von vielen vergessen worden zu sein. Es gab glorreiche Ausnahmen, deren Geschichten von heldenhaftem Glauben und Mut erst noch erzählt werden müssen, wo Christen, die auch Hutus waren, ihren Tutsi-Nachbarn geholfen und sie vor den Interahamwe Milizen beschützt haben.«

Die Idee, auf diese Bitten zu reagieren und eine Sammlung von Geschichten herauszugeben, wurde von unserem African Enterprise Team begeistert begrüßt. Besonders, da unser eigener Teamleiter, Israel Havugimana, und seine Familie in den Massakern starben.

Israel war ein Mann, der lebte, was er predigte ... und er predigte gegen ethnischen Hass. In den Massakern von 1972/73 hatte er einen Tutsi-Mitstudenten an der Shyogwe Oberschule beschützt, indem er ihn mit seinem eigenen Körper bedeckte und alle Schläge einsteckte, bis es ihm gelang, ihn aus der Reichweite der Angreifer wegzubekommen.

Während der angespannten Lage von 1990-1994, die zu dem Völkermord geführt hat, blieb Israel unverändert bei seinem christlichen Einsatz, indem er landesweit einen Versöhnungsdienst in den Städten initiierte. Aber seine Freundschaft mit Tutsi-Brüdern und -Schwestern wurde ihm von den Extremisten übelgenommen und die Bibelstudiengruppe, die sich in seinem Haus traf, wurde als FPR-Anhängertreffen verkannt. Im Februar 1994 wurde eine Handgranate als Warnung in sein Haus geworfen. Daraufhin diskutierten wir über die Möglichkeit unsere Gebetsgruppe zu stoppen, um ihn nicht länger zu belasten.

»Was wäre das für ein christliches Zeugnis?«, erwiderte er. »Mich von meinen Brüdern und Schwestern zurückzuziehen, weil sie Zielscheiben sind! Ich habe Versöhnung gepredigt und werde sie leben, selbst wenn ich dafür mit meinem Blut bezahlen muss.«

Bezahlt hat er, mit seinem Blut. Er wurde am ersten Tag der Massaker niedergeschossen, mit seinen drei Töchtern Rachel, Danielle und Mireille, in Gegenwart seines Vaters und einiger Besucher. Nur Danielle hat ihre Verwundungen überlebt. Darum ist diese Sammlung von Zeugnissen dem Gedächtnis von Israel gewidmet.

African Enterprise Ruanda dankt Otto Harold vom mennonitischen Zentralkomitee, der die Nachforschungen dadurch unterstützt hat, dass er einen Mitarbeiter auf eine Tour durch ganz Ruanda geschickt hat, um Christen ausfindig zu machen, die Geschichten zu erzählen hatten. Mehr als 40 Pastoren und Laien berichteten, obwohl es nicht immer leicht für sie war, sich an solche entsetzlichen Erfahrungen zu erinnern. Einige Zeugnisse sind darum eher kurz und sachlich. Andere empfanden es als befreiend, ihre Erlebnisse in dramatischeren, emotionalen Details noch einmal zu durchleben.

Möge dieses Buch ein Zeugnis dafür sein, dass der Herr noch treue Diener hat, die sich in schrecklichen Lebensumständen, bei drohendem Tod, geweigert haben ihre Knie dem blutigen Götzen des Rassenwahns zu beugen. Möge es ein Zeugnis der Hoffnung für eine Zukunft sein, in der Ruanda von Menschen bevölkert sein wird, die einander als alle zum Bilde Gottes geschaffen ansehen, einer Zeit, in der niemand erniedrigt, abgelehnt, gehasst oder sogar getötet wird, zu welcher Gruppe er auch immer gehören mag.

1 Mord in der Kirche

Gott, warum hast du uns für immer verstoßen? …
Geh über die Trümmer, die schon so lange dort liegen;
sieh doch: alles haben die Feinde im Tempel verwüstet …
Danach steckten sie dein Heiligtum in Brand,
sie entweihten den Ort, wo du angebetet wurdest.
Sie wollten uns alle vernichtend schlagen,
im ganzen Land haben sie die Gotteshäuser niedergebrannt.

Psalm 74, 1. 3. 7. 8

Rukara
Kommune Rukara, Präfektur Kibungo

Von Therese Mukamisha mit weiteren Details von Samuel Karugende

Pausenlos überträgt das Radio seit der Nacht von Mittwoch, dem 6. April, dass das Flugzeug von Präsident Habyarimana abgeschossen wurde und brennend auf die Landebahn des Kanombe Flughafens außerhalb der Hauptstadt Kigali gestürzt ist.

Der Ansage folgten Befehle, dass sich niemand von seinem Haus fortbewegen soll. Es war ein schlechtes Omen, aber wir wussten nicht wirklich, was wir davon halten sollten.

Den ganzen Donnerstag sprach unsere Familie über das Attentat. Für uns war es damals nur ein weiterer toter Prominenter. Es hatte schon mehrere andere in den vorausgegangenen Monaten gegeben. Wir wussten nicht, dass dies zur schlimmsten Tragödie werden sollte, die dieses Land je gekannt hat.

Am nächsten Tag wollte ich, wie gewohnt, zum wöchentlichen Gebetstreffen in die Kirche gehen. Ich kam nie an. Auf dem Hinweg traf ich einen Mann, der aus Gahini kam. Er erzählte mir, dass Gewalttätigkeiten ausgebrochen seien und Häuser niedergebrannt würden. Beunruhigt kehrte ich nach Hause um und begegnete auf dem Weg Menschen, die in Panik wegrannten.

In der kurzen Zeit, die ich für den Heimweg gebraucht hatte, waren bereits alle anderen Mitglieder meiner Familie geflohen. Jedermann steuerte auf das Gelände der katholischen Kirche von Karubamba zu. Ich folgte dem Flüchtlingsstrom. Wir trafen auf einige Mitglieder der Interahamwe (Hutumilizen), aber sie hatten keine Waffen. Sie hielten uns an und zwangen uns, ihnen unser ganzes Geld auszuhändigen. Schließlich gelang es uns, das Gemeindegelände zu erreichen. Mehrere hundert Personen waren bereits da.

Am Samstag versuchte Pater Francis, ein weißer Missionar und Vikar der Gemeinde, Essen für alle Flüchtlinge zu organisieren. Die in der Nähe lebten erklärten sich bereit, auf ihre Felder zurückzukehren, um Nahrungsmittel zu holen. Als das Wasser knapp wurde, griff der Chef der Kommune ein und half uns, etwas mehr zu bekommen. Die Dinge waren immer noch scheinbar normal für ruandische Verhältnisse. Wir waren Flüchtlinge auf dem Gemeindegelände, und es war nicht das erste Mal, dass so etwas geschah. Wir nahmen an, es würde ein paar Tage so weitergehen und hofften dann in unsere Häuser zurückkehren zu können, wie wir es in früheren Zeiten getan hatten.

Aber im Laufe des Tages wurden die Dinge immer schlimmer. Die Interahamwe-Milizen patrouillierten um die Gemeinde herum und drohten Pater Francis. Schließlich fühlte er sich derart bedroht, dass er mit der Essensausgabe aufhörte.

Am Sonntag dann, dem 10. April, holten die Interahamwe etwa 15 Personen aus unserer Mitte heraus und töteten sie außerhalb des Geländes. Die Männer in unserer Gruppe versuchten uns alle zu verteidigen, indem sie Steine auf die Interahamwe warfen, die zum Angriff zurückkamen. Die Anspannung nahm stündlich zu bis am Montagabend, dem 11., die Interahamwe mit Steinen, Handgranaten und Gewehren besser ausgerüstet zurückkamen.

Sie attackierten die Kirchengebäude, in die wir uns geflüchtet hatten. Sie warfen Granaten durch die Fenster in unsere Mitte und schossen auf die, die zu entkommen versuchten. Wir hatten keinerlei Schutz vor ihnen und sie griffen uns die ganze Nacht hindurch an. Viele Menschen starben in diesen Stunden der Dunkelheit.

Als die Sonne aufging kamen die Interahamwe zurück, um die zu erledigen, die noch lebten – besonders die, die Schutz in der Kirche gesucht hatten, denn es war in der Nacht nicht möglich gewesen, die Kirchentür aufzubrechen. Sie versuchten es vergeblich, denn die Männer im Gebäude standen hinter der Tür und verbarrikadierten sie mit aller Macht. Die Interahamwe warfen weiter Handgranaten und Steine durch die Fenster. Dann schütteten sie einen Kanister Benzin in das Klassenzimmer für den Religionsunterricht und warfen ein Streichholz hinein. Die Matratzen, die einige Leute mitgebracht hatten, fingen Feuer. Die herzzerreißenden Schreie und das Stöhnen derer, die in den Flammen starben, konnten noch weit entfernt gehört werden.

Das Morden ging die ganze Woche weiter. Das Gelände war unter Belagerung und wurde ständig angegriffen. Dann, am Freitag, fuhr ein Militärfahrzeug am Gelände vor. Es war voller Soldaten. Sie baten uns die Kirchentür zu öffnen, und wir taten es kurz, denn es gab keine Chance für weiteren

Widerstand. Die Soldaten warnten die Interahamwe, dass die FPR näher käme und dass sie sich mit ihrem Job, den Rest von uns zu töten, beeilen müssten. Der einfachste Weg wäre es, sagten sie, Benzin zu benutzen, um das ganze Gebäude anzuzünden - mit allen Menschen darin. Also suchten die Interahamwe nach Benzin – aber glücklicherweise war keins greifbar. Einige kamen sofort zurück und verwundeten und töteten jeden von uns, den sie erwischen konnten. Andere legten glücklicherweise eine Pause ein, um einige Kühe zu schlachten. Die Sonne ging unter, während sie immer noch mit ihrer schmutzigen Arbeit beschäftigt waren.

Als wir am darauffolgenden Morgen einen neuen Konvoi mit Soldaten vor dem Gelände anhalten sahen, verloren wir jede Hoffnung aufs Überleben. Aber zu unserer großen Überraschung kamen sie voller Mitleid, stellten Fragen und beruhigten uns. Wir erfuhren, dass es keine Regierungssoldaten waren, sondern die FPR. Sie evakuierten die von uns Übriggebliebenen - nur etwa 300 - von dem Gelände und führten uns nach Gahini. Wir blieben dort unter ihrem Schutz bis zum Ende des Krieges.

Nyange
Kommune Kivumu, Präfektur Kibuye
Erzählt von einem unbenannten Überlebenden

Am Dienstag, den 12. April, kamen die örtlichen Verwaltungsoffiziere vorbei, um den Tutsi der Kommunen Kivumu und Bwakira zu sagen, sie sollten in der Kirche der Gemeinde Nyange Schutz suchen. Die Tutsi gehorchten. Auch die, die sich in den Häusern von Nachbarn und im umliegenden

Buschwerk versteckt hatten, kamen heraus und schlossen sich den anderen an. Sie dachten, dass es so sein würde, wie es in der Vergangenheit immer schon gewesen war. Es war nur allzu bekannt, dass diejenigen, die in vorausgegangenen Massakern Schutz auf Kirchengrundstücken gesucht hatten, nie behelligt worden waren. Die Kirche war immer ein sicherer Schutz für die gewesen, die es geschafft hatten rechtzeitig dorthin zu gelangen.

So strömten die Menschen in Massen zu diesem Ort und das ganze Kirchengelände war überfüllt. Es war nur ein Priester anwesend. Der andere, Pater Straton, der normalerweise für die Gemeinde zuständig war, war Richtung Nyundo und von dort nach Zaire geflohen.

Einige Tage später kam eine kleine Gruppe Regierungssoldaten an, begleitet von Interahamwe. Sie warfen Handgranaten und schossen in die Menge auf dem Gelände. Die Menschen flüchteten sich in das Kirchengebäude und verbarrikadierten alle Türen mit den Kirchenbänken. Die Mörder warfen Handgranaten in die Kirche und schossen durch Öffnungen, wo immer es möglich war; aber weil es so viele Menschen waren, starben nicht alle.

Dann riet einer der Anführer der Interahamwe, ein sehr reicher Geschäftsmann, der in Kigali lebte, seinen Männern Bulldozer zu holen und das ganze Gebäude niederzureißen. Eine Maschine wurde von der Astaldi-Straßenbaufirma geholt und es wurde ein großes Loch in die Vorderwand gebrochen. Dann gingen die Interahamwe in das Gebäude hinein und begannen das Töten.

Sie töteten, töteten und töteten den ganzen Tag lang, während die Maschine gleichzeitig das Gebäude zerstörte. Als es Nacht wurde hörten sie auf und gingen sich ausruhen. Am folgenden Tag kamen sie mit einem anderen Bulldozer, erschütterten das große Gebäude von allen vier Seiten und brachten es zum Einsturz über denen, die noch darin waren.

Der Schutt wurde dann, zusammen mit den Leichen, zu einer hohen Halde zusammengeschoben, die bis jetzt neben dem Ort, wo die Kirche einmal stand, zu sehen ist.

Wir konnten die Knochen nicht richtig beerdigen, wie es anderswo getan wird, weil sie so sehr mit dem Schutt vermischt sind. Die wenigen Menschen, die aus der Kirche entkamen, flohen in die Nachbarhäuser. Aber die meisten von ihnen wurden schnell herausgejagt und getötet. Vermutlich überlebten insgesamt weniger als zehn Menschen die Morde in der Kirche von Nyange.

Mukarange
Kommune Muhazi, Präfektur Kibungo

Erzählt von einem unbenannten Überlebenden

Wir Tutsi haben alle Zuflucht auf dem Kirchengelände gesucht, als wir merkten, dass sich die Situation verschlimmerte. Viele Menschen waren getötet worden, ihre Häuser geplündert und angezündet. Dann kamen die Interahamwe und griffen uns an, aber wir verteidigten uns.

Die Frauen und Kinder sammelten Steine und Ziegel und die Männer hielten Wache, indem sie die Wurfgeschosse auf alle warfen, die versuchten näher zu kommen. Das funktionierte allerdings nicht sehr lange, weil die Gendarmen (bewaffnete Sicherheitspolizei) bald eintrafen und die Angreifer verstärkten, indem sie Gewehre und Handgranaten benutzten.

Als der Priester, Pater John Bosco Munyaneza, sah, dass die Situation hoffnungslos wurde, beschloss er eine Messe zu lesen und die kleinen Kinder zu taufen, ebenso alle, die noch nicht getauft waren. Inzwischen wurde der Widerstand immer schwächer, da immer mehr Menschen getötet wurden.

Schließlich riefen die Angreifer uns zu, dass die, die Geld hatten herauskommen sollten. Einige beschlossen, es zu riskieren. Aber sie wurden nur zur anderen Seite des Geländes gebracht, ihres ganzen Geldes beraubt und auf der Stelle getötet. Bald darauf forderten die Interahamwe Pater Bosco auf den Platz zu verlassen – er war ein Hutu und die Milizen wollten ihn nicht töten. Sie baten ihn eindringlich, aber er blieb unerbittlich. »Dies sind Schafe, die der Herr mir zu weiden gab. Wenn sie sterben müssen, lasst mich mit ihnen sterben. Wenn ihr mein Leben retten wollt, rettet ihres mit meinem.« Zornig über seine Sturheit wichen die Interahamwe von der Kirche zurück und warfen eine Handgranate. Sie verletzte viele Menschen. Ich wurde am Bein verletzt und Pater Bosco wurde auch schwer verwundet, aber er starb nicht sofort. Dann brachen die Interahamwe in die Kirche ein und begannen damit, allen Verwundeten den Rest zu geben. Die unter uns, die es noch konnten, krochen heraus und versteckten sich in den Büschen ringsumher.

2 Auge in Auge mit dem Tod

Von Antoine Rutayisire

Sehr oft haben mich Menschen gefragt, wie man sich fühlt, wenn man dem Tod ins Auge blickt. Meine Antwort lautet: Wenn du Jesus ganz nahe bist, dann fühlst du einen Frieden über allem Verstehen und Beschreiben.

Am 7. April, um 1 Uhr morgens, wurde meine Familie durch den Lärm von Gewehrschüssen geweckt, der von dem Hügel vor unserem Wohnhaus in Kigali kam. Ich schlüpfte aus dem Bett, ging zum Fenster und beobachtete, wie der Himmel sich vom Kugelfeuer rötete.

»Ich glaube zwischen dem FPR-Truppenkontingent und der republikanischen Garde ist Krieg ausgebrochen«, sagte ich zu meiner Frau, die in Panik geriet. Inzwischen konnte man vereinzelt sporadische Gewehrschüsse von anderen strategischen Punkten in Kigali hören, besonders aus dem östlichen Stadtteil, nahe dem Flughafen Kanombe. Später erfuhren wir, dass Menschen von der Präsidentengarde niedergeschossen wurden, die überall in dem Gebiet unterwegs war.

Nach einer Weile gingen wir ins Bett zurück. Wir hatten Angst und waren auch verwirrt, unsicher über das, was gerade passiert war. War es der Beginn eines Krieges oder eine weitere kurzlebige Auseinandersetzung? Das konnte keiner sagen, denn die Anspannung in der Stadt war seit den Komplikationen bei der Einsetzung einer Übergangsregierung beunruhigend gestiegen. Gewalt war zu einem Teil des täglichen Lebens geworden und Menschen wurden auf der Straße und sogar in ihren Häusern ermordet, ohne anschließende polizeiliche Ermittlungen. Bewaffnete Milizen, hauptsächlich von dem Jugendflügel der MRND, waren die »Könige der Straße«, sie töteten und raubten ungestraft. Handgranaten waren überall explodiert, besonders in Stadtteilen, in denen sich Mitglieder der Oppositionspartei oder Tutsi zum geselligen Beisammensein trafen. Der Todestribut war bereits in den Wochen vor dem schicksalhaften Tag recht hoch gewesen. »Wann wird diese Gewalttätigkeit enden?«, fragten wir uns, als wir im Bett saßen, ohne genau zu wissen, was zu tun wäre.

Wir hatten es uns zur Gewohnheit gemacht, jeden Abend zu Hause wenigstens zwei Stunden im Gebet zu verbringen, in denen wir den Herrn um Sicherheit für das Land baten und für mehrere Freunde in verschiedenen Stadtteilen von Kigali, besonders dort, wo die Interahamwe zuletzt am aktivsten waren. Wir nannten unsere Gebete »Operation in die Bresche treten« nach der Verheißung in Hesekiel 22,30 und diese Zeiten brachten uns dem Herrn näher und stärkten unser Vertrauen in ihn für unseren Schutz.

Wir nahmen uns noch mehr Zeit, um wieder zu beten, ehe wir uns, in der Nacht, in der uns das Gewehrfeuer geweckt hatte, wieder schlafen legten.

Kurz vor Sonnenaufgang wachte ich auf. Ich war von der anglikanischen Diözese in Shyogwe eingeladen worden an diesem Tag auf einer Einkehrtagung von Pastoren zu predigen und ich fragte mich, ob ich noch hinkommen würde. Inzwischen hatte das schwere Gewehrfeuer aufgehört, obwohl gelegentliches Schießen in der ganzen Stadt zu hören war. Ich schaltete das Radio ein, um die Morgennachrichten zu hören, aber stattdessen gab es nur langsame, traurige, klassische Musik.

Ich wartete angespannt. Dann kam die Ankündigung:

Der Verteidigungsminister hat die traurige Pflicht bekannt zu geben, dass das Flugzeug seiner Exzellenz, des Präsidenten der Republik, abgeschossen wurde. Der Präsident starb mit all seinen Begleitern, darunter der Präsident von Burundi. Jeder wird gebeten bis auf weiteres zu Hause zu bleiben.

Mich schauderte. »Das sind große Schwierigkeiten«, sagte ich zu meiner Frau. Ich befürchtete, unsere Welt war kurz davor auseinander zu brechen. Ich ging sogar nach draußen, um sicherzugehen, dass die Sonne wie immer aufgegangen war! Alles andere in unserem Leben erschien so bedroht. Unser Hausmädchen, Beatrice, war bereits auf und fegte im Hinterhof. Donata, ihre jüngere Schwester, half ihr. Dinah, die jüngere Schwester meiner Frau, wusch in der Küche das Geschirr, während Jeremiah, der Cousin meiner Frau, vor dem Haus war und beobachtete, was passierte.

Ich stand in meinem Hinterhof und rief zu unserem nächsten Nachbarn hinüber. Er stand hinter seinem Haus und nahm lange Züge aus seiner Zigarette, er sah bestürzt und nervös aus.

»Guten Morgen«, begrüßte ich ihn.

Schweigen. Ich wiederholte die Begrüßung in der Annahme, dass er mich nicht gehört hatte.

Die einzige Antwort, die ich bekam, war sein geknurrtes: «Haben Sie nicht gehört, was passiert ist?«

»Ja, ich hab's gehört«, antwortete ich, plötzlich nicht sicher, was ich sagen sollte. Ich wartete auf mehr von ihm.

»Hm, hm«, räusperte er sich und spuckte aus. »Wie konnte so etwas verhindert werden, wenn die Feinde überall um uns herum sind«, sagte er schließlich, indem er eine kreisförmige Bewegung mit seinem Arm machte, so als wollte er sagen, sein Haus wäre tatsächlich von Feinden umgeben. Die Geste schloss mein Haus mit ein – zumindest legte ich es so aus.

»Wissen Sie, wer es tat?«, fragte ich mit vorgetäuschter Unwissenheit. Ich war interessiert daran – wenn auch besorgt – was er sagen würde.

»Wem muss das gesagt werden? Es waren die FPR und ihre Tutsi-Komplizen. Und sie sind *überall*«, sagte er düster, ohne weiteren Kommentar. Er ließ den Zigarettenstummel auf den Boden fallen, zertrat ihn und eilte zurück in sein Haus. Einige Minuten später kam er mit einer Machete heraus und ging weg, er vermied es, mir dabei in die Augen zu sehen.

Nachdenklich stand ich noch eine Weile draußen, meine Gedanken waren ein Wirbel der Verwirrung und tiefer Besorgnis. Dann ging ich wieder hinein, fand meine Frau in unserem Schlafzimmer und berichtete ihr von der kurzen Unterhaltung, die ich mit unserem Nachbarn gehabt hatte. Wir saßen auf dem Bett und wussten nicht, was wir als nächstes tun sollten. Es war ungefähr 7.30 Uhr und wir entschieden, dass es das Beste sei zu beten und dann abzuwarten.

Plötzlich rief uns Jeremiah zu, schnell herauszukommen und zu schauen. Wir ignorierten seinen Ruf und machten weiter mit unserer Fürbitte. Seine Rufe wurden dringender. Wir beendeten unsere Gebete und gingen nach draußen zur Vorderseite des Hauses. Er zeigte auf das Hotel Chez Lando, ein kleines Stück von unserem Haus entfernt. Menschen liefen mit Sachen beladen in alle Richtungen, versteckten diese und gingen wieder zurück, um noch mehr zu holen. Dann sahen wir Rauch aus dem Hotel aufsteigen. Es brannte.

Einige Minuten später kamen die Söhne unseres Nachbarn zurück, sie trugen einige Dinge, die sie offensichtlich aus dem Hotel geplündert hatten. Sie waren ganz erfüllt von

Nachrichten über den Tod einiger hiesiger Leute, und sie sagten, überall seien Straßensperren errichtet worden und die Interahamwe kontrollierten alle Bewegungen.

Das klang tatsächlich sehr ernst und in unseren Herzen gerieten wir in Panik. Wir gingen ins Wohnzimmer und begannen spontan wieder mit unseren Gebeten, indem wir Gott inständig für unsere Sicherheit und die Sicherheit von unseren Freunden im ganzen Land baten.

Bald wurde der Lärm nebenan lauter. Wir hörten, wie die Söhne unseres Nachbarn sich gegenseitig immer wieder den Tod verschiedener Nachbarn schilderten. Der Morgen schleppte sich dahin und wir wussten einfach nicht, was zu erwarten war. Wir dachten nicht daran irgendwelche Haushaltstätigkeiten zu verrichten und schließlich saßen wir nur im Haus und sprachen nicht einmal miteinander. Durch die Fenster an der Vorderseite konnten wir, jedes Mal wenn eine Bombe die Zementmauern des Palastes der Nationalversammlung traf, wo das FPR-Kontingent und ihre Führer untergebracht waren, Staub aufwirbeln sehen. Wir bemitleideten sie und fragten uns, ob jemand überleben würde. Das war die einzige Ablenkung, die wir hatten – dieses und das fortgesetzte, aufgeregte Geplapper der jungen Männer nebenan.

Gegen 15.30 Uhr hörten wir viel Geschrei und Tumult. Es kam unserem Haus immer näher. Peninah war im Schlafzimmer und gab Deborah, unserer kleinen Tochter, die Brust, die sich als Einzige an dem lauten Krach der explodierenden Bomben zu freuen schien. Beatrice und Donata waren in der Küche, während Jeremiah und Dinah in einem anderen Zimmer waren, in dem ich sie eingeschlossen hatte, weil sie mit jedem Mal, das sie nach draußen sahen, mehr in Panik gerieten.

Ich schaute aus dem Fenster und sah eine Gruppe von Interahamwe gerade außerhalb des Zauns von unserem Grundstück. Sie diskutierten darüber, ob sie erst eine Handgranate auf das Grundstück werfen oder einfach einbrechen sollten.

»Jetzt sind wir dran«, sagte ich zu mir. Sofort wirbelten wilde und verrückte Gedanken in Blitzesschnelle durch meinen Kopf. »Soll ich sie meine Frau vergewaltigen, mein Kind töten und all die jungen Frauen und Männer in meinem Haus vor meinen eigenen Augen umbringen lassen, ohne irgendeinen Versuch sie zu beschützen? Welche Art von Tod werden wir sterben? Werden sie uns erschießen oder in Stücke hauen?« Mich schauderte.

Dann kreuzte eine Idee meine Gedanken: »Warum greifst du dir nicht einen Stock oder irgendeine andere Waffe, die zur Hand ist, und gehst raus und kämpfst gegen sie? Kannst du nicht wie ein Mann sterben?« Das war eine spontane, menschliche Reaktion. Ich konnte mein altes Ich hochkommen sehen, denn früher hätte ich nie irgendeine schlechte Behandlung ohne Erwiderung hingenommen. Alte Erinnerungen aus meiner Schulzeit kamen mir in den Sinn, wie die, als wir, während der 1973er Tutsi-Massaker, anderen Studenten von Angesicht zu Angesicht gegenüberstanden, bereit uns unseren Weg freizukämpfen.

Unser Widerstand damals war belohnt worden, aber diesmal fehlte etwas. Es war nicht nur, dass ich jetzt auf mich allein gestellt war. Es war so, dass ich nicht mehr den inneren Willen hatte zu kämpfen. Dann erinnerte ich mich an die Verheißungen, die der Herr uns während unserer Morgengebete gegeben hatte: »Wer unter dem Schutz des Höchsten wohnt, der kann bei ihm, dem Allmächtigen, Ruhe finden.« Auch ich sage zu Gott, dem Herrn: »Bei dir finde ich

Zuflucht, du schützt mich wie eine Burg! Mein Gott, dir vertraue ich!« (Psalm 91, 1-2).

Ich erinnerte mich an andere Bibelverse, die der Herr uns in der vergangenen Woche gegeben hatte, als ich zum Predigen auf eine Einkehrtagung gehen musste und Gewalttätigkeiten ausgebrochen waren, während ich unterwegs war: »Erbarme dich über mich! ... Bei dir suche ich Zuflucht, bei dir bin ich geborgen wie ein Küken ... bis das Unheil vorüber ist« (Psalm 57, 2). Da fühlte ich, wie ich innerlich ruhiger wurde und ich hörte eine leise Stimme in mir, die mir sagte: »Du hast Predigten über das Lieben und Beten für deine Feinde gehalten und jetzt willst du sterben, indem du Blut vergießt. Anstatt zu versuchen, wie ein Mann zu sterben, warum stirbst du nicht einfach wie ein Christ?«

Ich war dann in der Tiefe meines Herzens überführt, als ich mich an all die vergangenen Anstrengungen erinnerte, die ich unternommen hatte, um mein Herz von Zorn und Bitterkeit rein zu halten. So bekannte ich in einem kurzen Gebet: »Herr, vergib mir, dass ich daran gedacht habe mich selbst zu verteidigen und gib mir die Gnade dir zu gehorchen, auch bis zum Tod. Ich bitte dich um deinen Segen für diese Menschen und wenn es dein Wille ist, dass wir sterben, lass sie mir Zeit geben, um für sie betend zu sterben, wie du es am Kreuz getan hast.«

Im selben Augenblick durchflutete mich ein Gefühl von tiefem Frieden, wie ich ihn nie zuvor erlebt hatte und ich fühlte mich innerlich so leicht, dass mich ein Lufthauch vom Boden hätte wegfegen können. Ich hatte den Tod akzeptiert und ich wusste, was ich tun würde, wenn die Mörder kamen. Alles andere war nicht mehr von Bedeutung. Ich war bereit, dem Tod in der Haltung eines Christen zu begegnen.

Kaum war ich fertig damit, mich innerlich zurechtzubringen, als ein Stakkato von Maschinengewehrsalven die Straße herunterhallte. »Inyenzi!« – (»Kakerlaken« – ein verächtlicher Spitzname für die FPR-Soldaten), riefen die Interahamwe und sie zerstreuten sich über unser Grundstück und rannten weg, den Hügel hinunter.

Ich habe diese »Befreier« nie gesehen, denn ich saß einfach da, wo ich war, noch schwer erschüttert von dem ganzen Erleben. Diese Situation hatte weniger als fünf Minuten gedauert, aber es fühlte sich an wie ein ganzes Leben ... Die folgenden Tage würden voller entsetzlicher Szenen sein, aber diese Episode war eine unschätzbare Vorbereitung für die traumatischen Ereignisse, denen wir noch ins Auge blicken mussten. Dieser Friede und dieser Geist der Vergebung blieben bei mir, selbst als ich vom Tod von Verwandten und vielen engen Freunden hörte. Er tröstete mich auf dem ermüdenden Weg ins Exil und stärkte mich während den Entbehrungen und dem armseligen Leben in einem Flüchtlingslager.

3 Die Kirche, die zusammenhielt und überlebte

Von Pastor Mathias Bimenyimana, mit weiteren Einzelheiten von anderen Personen, die auch vor Ort waren

Am 11. April, vier Tage nach dem Tod von Präsident Habyarimana, kamen Menschen auf unserem Kirchengelände an.

Die Morde hatten fast sofort begonnen, aber die Menschen hatten gezögert wegzulaufen, weil der Befehl gegeben worden war, zu Hause zu bleiben. Schließlich trieb die verzweifelte Situation die Menschen dazu die Verfügung zu übertreten und einige begannen zum Gelände der Gakinjiro Pfingstkirche zu fliehen. Sie kamen in kleinen Gruppen. Einige von der Kampffront, die von Norden vorrückte, andere flohen vor den Massakern. Sie trafen von allen vier Enden der Stadt ein, indem sie verschiedene Methoden benutzten, um die Straßensperren zu passieren, die von Interahamwe-Milizen besetzt wurden.

Einige gaben Geld, um sich einen sicheren Durchgang zu verschaffen, andere benutzten gefälschte Personalausweise und noch andere wurden von Soldaten begleitet, die gläubige Christen und Mitglieder unserer Kirche waren. Bis zu dem Tag, da die Regierungsarmee die Stadt evakuierte, brachten solche Soldaten immer noch Menschen, die sie vor den Massakern gerettet hatten. Sie konnten sie an den Straßensperren vorbei begleiten, indem sie sie den Milizen als Mitglieder ihrer eigenen Familien präsentierten – Ehefrauen und Verwandte. Das schützte uns und alle Menschen in unserer Kirche, da die Soldaten den Milizen gedroht hatten, sie würden aufhören die FPR zu bekämpfen, wenn ihre Familien belästigt würden. Einige Soldaten waren sogar soweit gegangen den Milizen zu sagen, dass sie sich gegen sie wenden und sie töten würden, wenn in der Kirche irgend etwas passieren sollte.

Unsere ganzen Kirchengebäude und das Gelände waren voller Menschen – etwa 700 – und es war kein Raum mehr übrig. Das Verpflegungsproblem war nicht sehr akut, denn wir hatten Vorräte an Bohnen und Reis, die nur Monate vor dem Beginn der Massaker für die Verteilung an die Vertriebenen aus Byumba gebracht worden waren. Das einzige Problem bestand darin, dass die Vorräte in einem Lagerhaus aufbewahrt wurden, das weit von der Kirche, in der wir Zuflucht genommen hatten, entfernt war. Also nahm einer der Soldaten aus unserer Kirche ein Fahrzeug, fuhr zu den Lagern und brachte uns genug Nahrungsmittel.

Anfangs kochten und aßen wir nach Altersgruppen getrennt. Die, die Geld hatten, konnten nach Nahrungsmitteln schicken, die wir nicht hatten, wie Zucker und Salz. Aber langsam schwanden unsere Essensvorräte und wir mussten anfangen, Lebensmittel vom Markt und anderen Orten zu holen. Diejenigen, die nach draußen gehen konnten (die Bahutu) holten die Nahrungsmittel und die, die es nicht konnten (die Batutsi) blieben drin und kochten oder übernahmen andere Tätigkeiten. Schließlich waren nur noch Bohnen übrig und die Menschen teilten miteinander in kleinen Gruppen: die, die Geld hatten, halfen denen, die keins hatten. Dann wurde es zu einem Problem, Wasser und Brennmaterial zu bekommen. Ein Fahrer aus der Gruppe wagte sich bis nach Rugunga oder Gikongo, um Wasser zu holen und wir nahmen unseren Mut zusammen, um Holz von Gitarama herzubringen, obwohl es sehr weit weg war.

Die Milizen besuchten häufig unseren Platz, aber sie hatten Angst davor Menschen zum Töten herauszuholen, denn die gläubigen Soldaten waren ebenfalls häufig dort. Aber eines Tages kamen die Interahamwe der nächstgelegenen Straßensperre mit Gendarmen, sammelten uns alle ein und führten uns zu einer Militärbaracke. Nur einigen wenigen Leuten gelang es zurückzubleiben, indem sie sich in den Büros und Kirchenräumen versteckten. Sie trennten uns und nahmen einige zur Seite, indem sie sagten, sie würden sie töten. Wir flehten sie an, aber sie waren unerbittlich und befahlen uns, uns auf den Boden in eine schlammige Pfütze zu setzen, um uns zum Schweigen zu bringen.

In eben diesem Augenblick kam zufällig einer unserer Soldaten vorbei und er war dermaßen zornig über den Anblick, uns dort sitzen zu sehen, dass er beinahe einen Kampf mit den Milizen angefangen hätte. Sie ließen uns gehen und sagten: »Nehmt all die anderen Batutsi, die ihr bei euch habt, mit, wir werden uns damit begnügen, die zu töten, die wir mitgenommen haben. Wir flehten sie weiter an, aber vergeblich. Schließlich zwangen sie uns mit vorgehaltenen Gewehren dazu aufzubrechen und wir gingen, mit schleppenden Schritten, entmutigt, zur Kirche zurück. Aber nach kurzer Zeit sahen wir die ankommen, die wir zurückgelassen hatten, alle waren sicher. Wir erhoben unsere Stimmen in lautem Lobpreis und dankten dem Herrn für sein Eingreifen.

An einem anderen Tag kam einer der Führer der Milizen zu uns und wir wurden alle von panischem Schrecken gepackt, weil wir dachten, das sei unser Ende. Aber er und seine Eskorte von Mördern, alle schwer bewaffnet, patrouillierten nur über den Platz und schließlich sagte er: »Das sind Christen, lasst sie in Ruhe.« Und sie gingen weg, ohne etwas Schlimmes zu tun. Tatsächlich kam der Führer später mit Stoffen zurück und verteilte sie unter den Frauen und jungen Mädchen. Wir stießen einen Seufzer der Erleichterung aus und priesen den Herrn erneut für seine wunderbare Bewahrung und Versorgung.

Am Tag zuvor hatte mich der Vater desselben Mannes, der örtlicher Verwaltungsbeamter war, verhört. Er beschuldigte uns, FPR-Soldaten zu verstecken und fragte mich nach der Anzahl der Gewehre, die wir verstecken würden. Ich wusste, dass dies geschah, um mir Angst einzujagen und ich betete in meinem Herzen während der ganzen Zeit, in der wir zusammen waren. Ich sagte ihm, wir würden keine Soldaten verstecken und verneinte den Besitz von Waffen.

Schließlich sagte er: »Ihr Kirchenleute seid wie das Rote Kreuz, ihr könnt sogar den Feinden zu Hilfe kommen.«

Ich antwortete ihm: »Ja, wir können das für jeden tun, wenn er zu uns kommt, um Zuflucht zu suchen, nicht um zu kämpfen.«

Er entließ mich schließlich mit dem ausdrücklichen Befehl: »Wir sind ebenfalls nicht gegen Wohltätigkeit, aber Sie müssen ganz genau wissen, wen sie aufnehmen. Prüfen Sie sorgfältig alle Personen, die zu ihrer Kirche kommen.«

Ein anderes Mal kamen sie, belagerten das Kirchengelände und verlangten, dass Pastor Jaques Kayihura, der verantwortliche Pastor, die Schlüssel zu allen Räumen übergeben sollte. Er weigerte sich. Sie legten ein Gewehr auf seine Schulter und schossen, nur um ihm Angst einzujagen. Ich schlich mich dann heraus, um einen Sergeanten zu rufen, der versprochen hatte jedes Mal einzugreifen, wenn wir Probleme hatten. Er reagierte sofort, aber als wir zurückkamen waren alle gegangen. Sie hatten nur das Wasserfahrzeug und die Motorräder der Kirche mitgenommen. Wir priesen den Herrn wieder für seine Bewahrung, denn niemand war zu Schaden gekommen.

Als die Kämpfe mit der FPR intensiver wurden, begannen die Menschen die Stadt zu verlassen und wir wurden auch gebeten, die Menschen aus der Kirche zu evakuieren. Einige waren bereit zu gehen, aber andere weigerten sich, weil es für sie so gefährlich war die Straßensperren zu passieren. Auch Pastor Jacques weigerte sich evakuiert zu werden. Menschen baten ihn eindringlich, aber er weigerte sich und sagte: »Dies sind die Kinder, die der Herr mir gegeben hat. Dies ist die Herde, die der Herr mir anvertraut hat. Wie kann ich, ein Vater und ein Hirte, meine Kinder und die Schafe des Herrn verlassen und gehen? Ich will bis zum Ende bei ihnen bleiben.« So blieb er zurück. Die bereit waren zu gehen, gingen. Ich war unter denen, die gingen. Wir hatten, wie erwartet, Probleme an den Kontrollpunkten. Ich musste an den Straßensperren Geld bezahlen, damit meine Frau durchkam, aber schließlich erreichten wir sicher Cyangugu.

Unsere Kraft während aller Nöte kam vom Gebet. Jedes Mal, wenn die Drohungen zunahmen, organisierten wir Gebetsfasten und häufig kamen wir gestärkt aus ihnen heraus. Die Menschen, die in der Kirche waren, waren alle gemischt – Protestanten und Katholiken – aber wir blieben alle zusammen, beteten gemeinsam und teilten alles. Die Gemeinschaft war gut, trotz der unterschiedlichen Kirchenzugehörigkeit. Vom Anfang der Massaker bis zur Einnahme von Kigali wurde niemand auf unserem Kirchengelände getötet. Wir hatten zusammengehalten und der Herr beschützte uns.

4 Im Schutz des Allmächtigen

Von Michel Kayitaba und seiner Familie

Wer im Schutz des Höchsten wohnt
bleibt im Schatten des Allmächtigen.
Ich sage zum Herrn:
Meine Zuflucht und meine Burg,
mein Gott, ich vertrau auf ihn.
Psalm 91, 1-2

Als das Flugzeug des verstorbenen Präsidenten Habyarimana abgeschossen wurde, ging in unserer Region, Gikongoro, nicht sofort alles verkehrt. Aber die Lage war angespannt und ich hielt es für das Beste über Nacht Wache zu halten. Zwei junge Hutu-Männer aus unserer Gebetsgruppe schlossen sich mir an; Nyilimanzi und Evariste Kamanzi. Wir teilten uns mehrere Nachtwachen, indem wir abwechselnd schliefen. Diese beiden jungen Männer haben später, als die Zeit kam, um mich zu beschützen, sehr großen Mut bewiesen.

Am 9. April hörten wir von Menschen, die in Kigali und anderen Orten getötet wurden, aber es hatte die Stadt Gikongoro noch nicht erreicht, zumindest nicht so weit wir es wussten. In jener Nacht kam Bischof Norman Kayumba von der anglikanischen Diözese Kigeme zu meinem Haus, begleitet von seiner Frau, einem unserer Pastoren in Kigeme und den beiden jungen Männern, Nyilimanzi und Kamanzi, um bei mir »nach dem Rechten zu sehen«, wie sie es nannten.

»Du siehst, die politische Situation verschlechtert sich sehr schnell. Es sind bereits viele Flüchtlinge in Kigeme. Ihre Häuser sind geplündert und in Brand gesteckt worden und einige Menschen wurden getötet. Es wäre weise, wenn du auch diesen Ort verlässt«, sagte Bischof Norman.

Ich war zunächst voller Zweifel, aber langsam überzeugten mich ihre Worte. Wir beschlossen, dass Bischof Norman meine Kinder mitnehmen würde, während meine Frau und ich zu dem Pastor gehen und dort bleiben würden. Kamanzi und Nyilimanzi versprachen auf unser Haus aufzupassen und den Hund zu füttern. Wir dachten, dies würde wieder nur eins dieser kurz anhaltenden Massaker sein, wie sie Ruanda sporadisch erlebte. Wir rechneten damit, dass die Dinge nach etwa zwei bis drei Tagen wieder zur Normalität zurückkehren würden.

Stattdessen verschlechterte sich die Situation und wurde sehr angespannt, da überall um uns herum viele Menschen getötet und ihre Häuser ausgeraubt und zerstört wurden. Unterdessen bewachten die beiden jungen Männer treu unseren Besitz und brachten jeden Abend einige unserer Sachen an den Ort, wo wir uns versteckten. Die meisten unserer anderen Habseligkeiten waren im Haus eines Nachbarn versteckt, sodass später, als unser Haus schließlich ausgeraubt und zerstört wurde, sowieso nur Dinge, die schwer zu tragen waren, übrig blieben. Selbst dann gingen unsere zwei jungen Freunde noch zurück, um nützliches Baumaterial zu retten, wie Türen, Fensterrahmen und elektrische Kabel. Sie verwahrten es an einem sicheren Ort, in der Hoffnung, ich würde es eines Tages für ein neues Haus benutzen. (Als die Nachricht kam, dass ich getötet worden wäre, gaben sie einige Dinge weg, aber andere blieben zurück und waren noch verfügbar.)

Wie Sie sehen können, blieben diese beiden jungen Männer trotz der Drohungen von den Nachbarn treu, denn ihnen wurde regelmäßig zum Vorwurf gemacht, Freunde des »Feindes« zu sein. Ihre Treue uns gegenüber wurde durch unser Elend und die Drohung, von ihren Nachbarn und Verwandten verstoßen zu werden, nicht erschüttert. Die Liebe Gottes in ihren Herzen war stärker als die bedrohlichen Umstände.

Ich lebte einige Zeit im Haus des Pastors, ehe entdeckt wurde, dass ich mich dort versteckte. Ich musste sofort von dort weg und wir entschieden, dass der beste Ort, an den ich gehen konnte, Bischof Normans Haus in Gikongoro wäre. Wir gingen noch in der Nacht und nahmen den Weg durch den Busch, um die Interahamwe und Militärpatrouillen zu vermeiden. Unser einziges Gepäck war ein Schlafsack und ein Bettüberwurf. Wir erreichten das Grundstück gegen Mitternacht und beschlossen bis zum Morgengrauen draußen zu warten. Also wickelten wir unsere Schlafsäcke einfach dort im Gebüsch aus und legten uns schlafen. Die Hunde der nahe gelegenen Häuser bellten laut und heftig. Ich denke die Besitzer haben ihnen nicht viel Beachtung geschenkt, denn niemand unternahm etwas, um zu sehen, warum sie so heftig bellten. Die Hunde kamen heran, beschnüffelten uns, wurden still und gingen zurück.

Wir schliefen fest bis zum Morgen, trotz der Angst, der Kälte und den Mücken. Eine außergewöhnliche Sache, die der Herr mir in diesen schwierigen Tagen gab, war Frieden. An einem dieser Tage hörte ich, als ich betete, die Stimme des Herrn, der mir deutlich sagte: »Meinen Frieden gebe ich dir, denn ich liebe dich.« Dieser Friede blieb durch die ganzen harten Zeiten hindurch bei mir und verließ mich nie, auch nicht angesichts des drohenden Todes.

Am nächsten Morgen erfuhren wir, dass Bischof Norman nicht in seinem Haus war. Er war nach Kigeme umgezogen, um den Menschen nahe zu sein, die in der Diözese Zuflucht gesucht hatten. Aber wir blieben in seinem Haus und er kam bald, um uns zu sehen. Er behielt unsere beiden älteren Kinder bei sich und ließ nur die drei jüngeren bei uns im Haus zurück. Er schickte auch einige vertrauenswürdige Christen, um uns zu helfen, denn wir konnten es nicht riskieren, nach draußen zu gehen und gesehen zu werden. Die beiden jungen Männer, Kamanzi und Nyilimanzi, besuchten uns, um uns Nachrichten zu bringen und uns zu trösten.

Bischof Norman besuchte uns auch oft, um seine Sorgen mit uns zu teilen. Er sah wirklich erschöpft aus. Dann verbreitete sich die Nachricht, dass herausgefunden worden war, dass wir in dem Haus lebten und wir mussten wieder raus. Kamanzi bewies erneut seinen Mut und seine Treue. Er kam und holte uns in sein eigenes Haus.

Er war Junggeselle und teilte sich ein kleines Zweizimmer-Haus mit seiner Schwester. Die Kinder dieser Frau waren »Straßenkinder«. Sie folgten den Mördern und plünderten überall da, wo diese Menschen niedermetzelten. Aber der Herr bewahrte uns dort, in Kamanzis kleinem Zimmer, mit meiner Frau und drei Kindern. Tagsüber bewegten wir uns kaum, aus Angst ein Geräusch zu verursachen und damit Aufmerksamkeit zu erregen. Wir schliefen alle auf einem Einzelbett, verbrachten den Tag darauf und benutzten es als Tisch, wenn wir aßen. Kamanzi verbrachte seine meiste Zeit zu Hause, um in unserer Nähe zu sein falls eine Notsituation eintrat.

Eines Tages passierte es. Nachbarn waren gekommen, um ihn zu besuchen und unterhielten sich vor dem Haus, als unser kleiner Sohn Samuel vom langen Sitzen Krämpfe bekam und weinte. Jeder musste das Weinen gehört haben, aber Kamanzi nahm die Situation in die Hand und handelte schnell. Er bat eines der Kinder seiner Schwester nach draußen zu gehen und nachzusehen, wo das Kind weinte.

Einige der Leute fragten sich, ob das Kind nicht im Haus geweint hätte, aber Kamanzi blieb ruhig und bestritt die Tatsache. Er überzeugte sie, dass es eins von diesen Kindern gewesen sein müsse, dessen Eltern getötet worden waren und die verlassen im Busch zurückblieben.

»Diese unschuldigen Kinder sind zu bedauern,« fuhr er fort, nur um ihre Aufmerksamkeit abzulenken. Inzwischen war es uns gelungen Samuel zum Schweigen zu bringen und er weinte nicht mehr. Das Kind, das sie losgeschickt hatten, kam zurück und berichtete, kein Kind um das Grundstück herum gesehen zu haben. »Es muss sich wieder versteckt haben, als es dich sah«, folgerte Kamanzi, um jeden bleibenden Zweifel in den Köpfen der Nachbarn weiter zu zerstreuen. »Wie traurig«, murmelte er wieder.

All diese Anstrengungen waren sehr aufopferungsvoll, denn wenn Kamanzi entdeckt worden wäre, hätte er dafür mit seiner eigenen Haut bezahlen müssen. Als wir später darüber diskutierten, sagte er zu mir: »Ich beschloss euch hier zu behalten, weil der Herr, als ich eines Tages betete, mir offenbarte, dass alle Flüchtlinge in der Kirche von Murambi getötet werden würden. Wie du weißt, kam es so. Die Offenbarung war demnach vom Herrn.« Sein Glaube stärkte mich und ich empfand Frieden trotz unserer schwierigen Bedingungen.

Nach einigen Tagen wurde Kamanzis Schwester sehr unsicher. Alle Tutsi-Familien in der Nähe waren getötet worden und sie hatte Angst, dass sie und ihr Bruder zusammen mit uns getötet würden, falls wir entdeckt würden. Also sandten wir eine Nachricht an Bischof Norman und baten um Hilfe.

Er wollte versuchen uns in seine Diözese nach Kigeme zu bekommen. Das war ein ausgesprochen gefährliches Unternehmen, selbst für einen Bischof. Es war sehr schwierig von Gikongoro nach Kigeme zu gelangen, weil man der Teerstraße durch die Kontrollpunkte hindurch folgen musste, die von Interahamwe und extremistischen Soldaten kontrolliert wurden. Die Straßensperre in Gatyazo war die tödlichste und es gab keinen Weg, um es zu vermeiden sie zu passieren. Bischof Norman bat uns in Erwägung zu ziehen, an der Straßensperre vorbeizulaufen – er könnte uns kurz darauf in seinem Wagen auflesen. Aber wir fanden, das wäre unmöglich, da wir die Schotterstraße überqueren müssten, mit der Gefahr auf Patrouillen der Interahamwe und Soldaten zu treffen.

Schließlich nahm der Bischof seinen Mut zusammen und sagte uns, wir sollten uns für die Evakuierung um 19 Uhr fertig machen. Wir konnten uns nicht vorstellen, was er tun würde und wie er es machen würde. Wir beteten und warteten geduldig. Zur angegebenen Zeit tauchte er auf und sagte uns, wir würden in seinem Wagen fahren. Er öffnete den Kofferraum und, so unglaublich es klingen mag, brachte er mich und meine Frau darin unter, schloss den Kofferraum und nahm dann unseren jüngeren Sohn mit zu sich auf den Vordersitz.

Er sagte dem Kind: »Wenn wir an der Straßensperre ankommen, sagst du, falls sie dich etwas fragen, du bist mein Sohn und du wirst zum Krankenhaus gebracht.« Wir beteten den ganzen Weg und baten den Herrn für einen sicheren Übergang an der Straßensperre. Dann kamen wir dort an und das Auto hielt. »Das Schlimmste ist passiert,« sagte ich mir, während ich den Atem anhielt und versuchte mich so klein wie möglich zu machen und ganz still zu sein.

»Was haben Sie dort in dem Wagen?«, fragten sie.

»Nichts«, antwortete Bischof Norman. »Ich bringe nur diesen Sohn von mir zum Krankenhaus, es geht ihm nicht gut.« Wir warteten mit angehaltenem Atem darauf, dass der Befehl kam, den Kofferraum zu öffnen. Und dann kam der Befehl ... »Fahr weiter.« Er ließ es sich nicht zweimal sagen. Wir murmelten ein Lob zum Herrn und seufzten vor Erleichterung.

Der Bischof brachte uns zu seinem Haus nahe dem Gelände der Diözese, wohin er gezogen war, um den Flüchtlingen nahe zu sein, die er beschützte. In das Haus hineinzugelangen war ein weiteres Wunder, denn es waren Soldaten im Vorhof.

Bischof Norman ging sehr gelassen auf sie zu, so als wollte er sie begrüßen. Er verbrachte einige Zeit damit, sich sehr freundlich mit ihnen zu unterhalten, stellte sich aber so, das ihnen der Blick auf den geparkten Wagen versperrt war. Die Frau des Bischofs kam und öffnete den Kofferraum für uns und wir schlüpften ins Haus hinein. Nachdem wir alle sicher im Haus untergebracht waren, wünschte der Bischof den Soldaten Gute Nacht und kam herein, als ob nichts geschehen wäre. Auch Bischof Alexis Bilindabagabo versteckte sich bereits in diesem Haus.

Bischof Norman beschloss wieder zu seinem Haus in Gikongoro zurückzukehren, um nicht die Neugier der Milizen zu wecken, die jederzeit kommen konnten, um das Haus zu durchsuchen. In den folgenden Tagen verbrachte er einige Nächte mit uns, aber wenn er nicht da war, taten wir unser Bestes, keinerlei Lärm zu machen, um unsere Anwesenheit nicht zu verraten. Wir legten uns tagsüber auf den

Fußboden, um zu vermeiden von irgendeinem Passanten gesehen zu werden. Sogar nachts vermieden wir es, irgendein Licht zu benutzen.

Zwei Brüder von der kirchlichen Oberschule in Kigeme waren die einzigen, die von unserer Anwesenheit wussten. Einer war Onesiphore Ngabo, der Schatzmeister der Schule. Der andere war Damascene Rubanzabigwi, dessen Frau Leonilla die Aufsichtführende über die Disziplin an der Schule war. Sie brachten uns Essen in größtmöglicher Heimlichkeit, denn einige der Schulnachtwächter waren Mitglieder der Miliz geworden. Diese Wachmänner hatten sogar einen Mann getötet, der, unfähig dem Hunger zu widerstehen, aus seinem Versteck gekommen war, um Nahrungsmittel zu erbitten. Der Herr war gut zu uns, wie er es auch schon an den anderen Orten gewesen war und er verbarg uns vor ihren Augen. Dieses Wunder war zu unserer täglichen Erfahrung geworden, da wir mehr als einmal in der Nähe der Mörder lebten oder vorbeikamen, ohne von ihrer Wachsamkeit entdeckt zu werden.

Dann verbreiteten sich Gerüchte, dass das Haus des Bischofs einem Komplizen der FPR Schutz gewährte, der ein Radio hatte und mit dem Feind kommunizierte. Das war ein Vorwand um Bischof Alexis Bilindabagabo zu beschuldigen. Aber da es Bischof Norman gelungen war einen Lebensschutz für ihn zu erwirken, musste er sich nicht verstecken und zwei Soldaten waren vor dem Haus postiert, um ihn vor Angriffen zu schützen. Aber wenn die Interahamwe oder die Soldaten gekommen wären, um nach dem Radio zu suchen, bestand die Gefahr, dass sie stattdessen uns finden könnten.

Also organisierte Bischof Norman eine weitere »Kommandooperation«, um uns aus dem Haus zu bekommen, ohne die zwei Soldaten oder die Wachmänner zu alarmieren. Dieses Mal ging der Bischof nach draußen, so als wollte er den Wagen überprüfen. Er machte alle Wagentüren weit auf, bevor er zu den Soldaten ging, um sich mit ihnen zu unterhalten. Als die Unterhaltung gut angeregt war, schlüpften wir hinaus, krochen in den Wagen und warteten. Dann kam der Bischof sehr langsam zum Wagen, indem er sang und zu sich selbst sprach, schloss die Türen und fuhr los, ohne das von den Soldaten irgendetwas bemerkt worden wäre.

Christine Kamunani, eine liebe Mitchristin, die im nahe gelegenen Dorf wohnte, war einverstanden uns zu verstecken. Bischof Norman vereinbarte, dass uns ein vertrauenswürdiger Mann in der Nähe der Straße treffen und zu ihrem Haus führen sollte, damit wir keine Nachbarn um Hilfe bitten müssten. Wir verbrachten anderthalb Monate bei Christine. Diese Erfahrung erinnerte uns an die biblische Geschichte von Elija, der im Haus einer Witwe in Sarepta blieb: Wir hatten nie irgendeinen Mangel, obwohl Christine nur eine arme alte Frau war. Ihr Haus war klein und hatte nicht einmal Innentüren, was das Risiko erhöhte. Aber sie hieß uns trotzdem willkommen.

Abgesehen von der Gefahr, in der sie sich befand, weil sie »gesuchte« Leute versteckte, musste sie viele Opfer bringen, um uns unterzubringen. Sie verließ ihr Bett und gab es uns als Versteck und zog in den Raum gegenüber, um dort zu leben und zu schlafen, wo in einem »normalen« Haus das Wohnzimmer gewesen wäre. Sie pflegte uns während dieser ganzen Zeit, ging zur Diözese, um Nahrungsmittel zu holen und kam zurück, um für uns zu kochen. Wir machten uns so viele Sorgen über die Gefahr, in die wir sie brachten, aber immer beruhigte und tröstete sie uns. Sie kam immer mit Nachrichten von unseren Kindern zurück, die auf dem

Schulgelände waren. Bischof Norman war es gelungen dieses Gelände unter den Schutz der Militärmacht zu stellen.

Christine war unsere einzige Verbindung zur Außenwelt. Dann brachte sie schreckliche Nachrichten – irgendwie war unsere Anwesenheit wieder entdeckt worden. Wir gerieten in Panik. Ich sagte zu Christine, wir wollten nicht der Grund für ihren Tod sein und wir baten sie um Fluchthilfe, um ihrer persönlichen Sicherheit willen.

Christine erwies sich als wundervoll. Sie sagte: »Denk darüber nach, Michel. Was für ein Zeugnis würde ich geben, wenn ihr aus meinem Haus gehen würdet, um meine Haut zu retten und vor meinem Grundstück getötet würdet. Wenn es des Herrn Wille für euch ist, getötet zu werden, lass die Mörder kommen und euch selber finden, anstatt dass ihr hinausgeht. Wenn sie dann beschließen sollten mich zu töten, weil ich euch hier behalten habe, bin ich bereit mit euch in den Tod zu gehen und wir werden zusammen in den Himmel gehen. Also lass dein Herz im Frieden bleiben.«

Ich war erstaunt über solchen Mut und solch einen Geist der Selbstaufopferung und bezweifelte zuerst, dass es mehr als nur Worte waren. Aber ihr Verhalten zeigte, dass sie meinte, was sie sagte, da sie weiter ihren normalen Tätigkeiten nachging, keineswegs beunruhigt, so als ob nichts passiert wäre. Und dann griff der Herr ein. Später, am selben Tag, kam Onesiphore Ngabo, der Schatzmeister der Schule von Kigeme, um uns zu sagen, dass er uns wegholen wollte, da unser Versteck in der Tat enttarnt worden war.

»Aber wie können wir herauskommen?«, fragten wir. »Dieser Ort ist von Militärgräben umgeben.« Aber Ngabo hatte einige Soldaten mitgebracht, um uns zu helfen – und auch einige gute Nachrichten. Oberst Leanidas Rusatira war mit einer Gruppe von Soldaten aus Kigali gekommen, die

die Massaker nicht unterstützten, und er kontrollierte einen Teil des Gebiets. So entkamen wir in das Gebiet unter der Kontrolle von Oberst Rusatira und seinen Truppen. Wir lebten in einem Haus, das für einen der Offiziere reserviert gewesen war und wir priesen den Herrn für die schnelle Antwort, die er uns gegeben hatte und für die Geduld, die Christine angesichts der Gefahr gezeigt hatte. Stellen Sie sich vor, sie wäre in Panik geraten, als sie erfuhr, dass unsere Anwesenheit entdeckt worden war und dass sie meinen Ängsten gehorcht hätte! So war der Herr die ganze Zeit hindurch gut zu uns allen und wir preisen ihn weiter.

5 Gejagt ... Unter den Flügeln des Herrn

Von Jacqueline Mukantabana

Er bewahrt dich vor versteckten Gefahren
Und vor tödlicher Krankheit.
Er wird dich behüten wie eine Henne,
die ihre Küken unter die Flügel nimmt.
Seine Treue schützt dich wie ein starker Schild.
Psalm 91, 3-4

Der Herr rettete mich wunderbarerweise aus dem »Rachen des Löwen« und es ist für mich immer eine Freude zu bezeugen, was er für mich im April 1994 getan hat.

Am 10. April kam ich gerade aus der Kirche, im Gespräch mit einem Freund, als ich geradeaus zu unserem Dorf Mwasa schaute. Ich sah Häuser brennen und Dutzende von Menschen rennen, bewaffnet mit Stöcken. Ich fürchtete mich sehr. Eine Person, die wir trafen, erklärte, dass die Menge Tutsis jagte und sie tötete.

Ich rannte sofort in das Haus von Pancrace Kanyamukenke, einem Bruder in Christus und Mitglied unserer Kirche. Ich versteckte mich dort und Pancrace und seine Frau hielten mich auf dem Laufenden über das, was draußen geschah. Schon bald wurden ihre Nachrichten zu einer Liste mit Namen von Menschen, die ich kannte – sie waren gefangen und getötet worden. Aber Pancrace und seine Frau trösteten mich und stärkten mich auch. Ich hatte meine Bibel und mein Gesangbuch und obwohl ich sehr bedroht war, betete ich weiter.

Während die Tage vergingen, leisteten Pancrace und Mary mir soviel Gesellschaft wie sie konnten, gaben mir Kraft durch ihre Gegenwart, ihre Gebete und indem sie das Wort Gottes mit mir teilten. Wir machten es uns zur Gewohnheit einen biblischen Abschnitt als Leitlinie fürs Gebet zufällig auszuwählen und ich erinnere mich, dass ich an einem Tag, als ich sehr viel Angst hatte, diesen Vers zog: »Bitte, was immer ich dir geben soll« (1.Könige 3, 5). Dieses Wort ermutigte mich und ich bat den Herrn im Gebet: »Herr, sei gnädig und bewahre mich vor den mit Nägeln bestückten Stöcken, die ich bei diesen Leuten gesehen habe. Aber wenn es dein Wille ist, dass ich diesen Tod sterben soll, bewahre mich davor gegen dich zu sündigen, bevor ich sterbe.« Und der Herr hielt sein Versprechen und gab mir alles, worum ich ihn gebeten hatte.

Mit jedem Tag kamen neue Berichte über Mitglieder meiner Familie, die entdeckt und getötet worden waren, aber Pancrace und Mary trösteten mich immer, ermutigten mich, stark zu bleiben und im Herrn fest zu stehen. Aber bald verrieten Dorfbewohner, die mich in das Haus hatten gehen sehen, meine Anwesenheit den Interahamwe, die sofort einen Angriff organisierten. Pancrace ging nach draußen, um sie zu empfangen und Mary blieb betend in der Nähe des Ortes, an dem ich mich versteckt hielt. Zu unserem großen Glück gelang es Pancrace sie dazu zu überreden zu gehen, aber sie drohten am nächsten Morgen zurückzukommen.

Als es Nacht geworden war, kroch ich darum hinaus, um mich in einem dichten Gebüsch in der Nähe zu verstecken. Es war eine sehr regnerische Zeit und jeden Tag, den ich in dem Busch verbrachte, wurde ich bis auf die Knochen durchnässt. Pancrace und Mary kamen mich immer wieder heimlich besuchen, um mir Essen und Trost zu bringen. Aber die Suche nach mir wurde systematischer und der Regen und die Kälte wurden mehr, als mein Körper ertragen konnte. Schließlich stimmten wir darin überein, dass es das Beste wäre, ich würde zur Kirche in Hanika gehen, wo bereits viele andere Menschen Zuflucht gefunden hatten.

In normalen Zeiten ist es ein Weg von einer Stunde, aber weil ich in der Nacht ging und häufig benutzte Pfade und Straßen vermeiden musste, dauerte es viel länger. Ich kam an und fand eine Szene des Grauens vor – die meisten Flüchtlinge, die sich in der Kirche versteckt hatten, waren gerade getötet worden – und die wenigen Überlebenden waren schwer verwundet und stöhnten erbarmungswürdig. Ich war entsetzt und flüchtete den ganzen Weg zurück zu Pancraces Haus.

Ich erzählte ihnen, was ich in Hanika vorgefunden hatte, dass die Menschen alle niedergemetzelt worden waren. Pancrace befand sich in einem Dilemma, denn sein Haus stand jetzt unter genauer Beobachtung und würde in regelmäßigen Abständen gründlich durchsucht werden. Also beschloss ich, mich noch in derselben Nacht nach Kirambo aufzumachen, wo eine meiner Tanten lebte. Ich hoffte in ihrem Haus Zuflucht zu finden, weil sie mit einem Hutu verheiratet war. Der Weg hätte unter normalen Umständen fünf Stunden gedauert, aber ich brauchte viel länger, denn ich war so müde und verängstigt und ich musste Pfade und Straßen meiden, um nicht auf die Straßenpatrouillen der Mörder zu stoßen.

Ich kam kurz vor Sonnenaufgang in Kirambo an. Meine Tante freute sich mich zu sehen, aber sie war auch besorgt, denn sie war ebenfalls bedroht. Meine Cousins – ihre Söhne – versteckten uns beide, aber nach einer Woche wurde unsere Anwesenheit entdeckt. Ein Cousin half mir wegzurennen, aber ich konnte nirgendwo hin, darum ging ich den Weg zurück, den ich gekommen war. Später erfuhr ich, dass die Mörder gekommen waren und sein Haus durchsucht hatten. Weil sie mich nicht fanden, gaben sie ihm eine Hacke und befahlen ihm sein eigenes Grab zu schaufeln. Er grub das Loch, aber einige seiner Verwandten kamen und haben derart für ihn gebeten, dass er freigelassen wurde.

Ich ging wieder zu Pancraces Haus! Diesmal war er richtig erschrocken, als er mich sah. »Versuch einen anderen Platz zu finden, wo du dich verstecken kannst, ehe sie erfahren, dass du zurück bist. Dieser Ort ist für niemanden mehr sicher. Wenn sie dich hier finden, sind wir alle tot.«

Ich ging sofort und suchte Zuflucht bei einer anderen befreundeten Christin mit Namen Beata Kabanyana, eine wahre Frau des Gebets. Beata war überglücklich und hieß mich in ihrem Haus willkommen. Sie legte mir die Hände auf den Kopf und betete für mich und ich fühlte Frieden in mein Herz zurückkommen. Ich verbrachte zwei Wochen dort und Beata tat alles, um meine Anwesenheit zu verbergen. Ich konnte nicht nach draußen gehen und sie musste vieles für mein Wohlbefinden ertragen. Dann haben die Interahamwe wieder irgendwie von mir erfahren und sie kamen, um nach mir zu suchen. Diesmal fanden sie mich. Sie holten mich in dieser Nacht heraus, zogen mich nackt aus und schleiften mich weg, indem sie sagten, die beste Art mich zu töten wäre mich zu kreuzigen, weil ich ihnen gesagt hatte, dass ich Christin bin.

Ich hatte alle Hoffnung verloren, dem Tod zu entgehen und bat sie um eine Zeit fürs Gebet, bevor sie mich töteten. Sie lachten und verspotteten mich, aber ein Mann aus der Gruppe forderte sie auf mich beten zu lassen. Ich kniete mich nieder, betete und als ich geendet hatte, fragte mich derselbe Mann, von welcher Kirche ich sei. Ich erklärte, dass ich von der Pfingstkirche in Mwasa wäre. Er nahm mich beiseite, einige Meter von den anderen Männern weg und sagte ihnen, ihm nicht zu folgen. Er erzählte mir, als ob er ein echtes Geheimnis teilte, dass er auch Christ sei, von der Pfingstkirche in einem nahe gelegenen Dorf. Ich war sprachlos.

Er sagte: »Darum will ich dir einen Gefallen tun, wenn du es mir leicht machst. Lass mich ohne großen Kampf, in einer angenehmen, freundschaftlichen Weise, mit dir schlafen und anstatt dich zu töten, werde ich dich in Sicherheit gehen lassen.«

Ich nahm meinen ganzen Mut zusammen und sagte ihm: »Ich würde lieber sterben, anstatt mich zu beflecken, um diesen Körper zu retten.« Da packte er mich bei den Armen und versuchte, mich auf den Boden zu zwingen. Ich rang mit ihm mit all meiner Kraft. Ich war fest entschlossen ihn wütend genug zu machen, damit er mich tötete, bevor er sein anderes Ziel erreichte. Ich fühlte wie meine Kraft langsam nachließ, aber ich kämpfte weiter gegen ihn an und betete in meinem Herzen.

Urplötzlich ließ er mich los und sagte zornig zu mir: »Geh, du dreckiges Mädchen.« Ich dankte ihm. Ich konnte nicht glauben, dass er aufgegeben hatte, aber er machte keinen weiteren Versuch mich zu fangen. Er ging und sagte den anderen, dass er entschieden hätte mich gehen zu lassen, weil ich ihm gesagt hätte, dass ich Christin sei. Sie brachten mir meine Sachen und sagten mir, ich sollte gehen, aber nicht zu Beatas Haus. »Geh an einen anderen Ort, weit weg von hier, wir wollen dein Blut nicht an unseren Händen.«

Ich ging, aber kroch bald in ein Gebüsch in der Nähe, um mich auszuruhen. Mein ganzer Körper war voller blauer

Flecken und meine Muskeln taten furchtbar weh. Gegen vier Uhr morgens schleppte ich mich zurück zu Beatas Haus. Sie war überglücklich, mich lebend zu sehen und wir priesen den Herrn für seine Bewahrung. Ich berichtete ihr von dem Wunder, das der Herr für mich getan hatte und wir brachen erneut in Lobpreis aus. Ich verbrachte einige Tage mit ihr, aber schließlich entschieden wir, es sei für uns beide nicht sicher genug, dass ich dablieb. Also ging ich in der Nacht weg und machte mich auf den Weg, um bei Tamar Twagirayesu, einer anderen befreundeten Christin, Zuflucht zu suchen.

Tamar war auch von unserer Kirche und sie hieß mich willkommen, sie versteckte mich sogar vor ihrem Vater und ihrer Stiefmutter. Ich verbrachte einige Tage in ihrem kleinen Zimmer, aber schließlich entschieden wir, dass es sicherer für mich wäre in das Haus ihres Bruders in der Nähe zu gehen. Ich verbrachte dort die nächsten vier Tage, aber wir wussten, dieses Versteck würde auch bald entdeckt werden. Ich nahm mir Zeit zum Fasten und Beten und bat den Herrn um Weisung für das, was ich tun sollte. Tamar machte sich Sorgen, denn ich war körperlich geschwächt, aber ich verbrachte einen ganzen Tag im Gebet.

Dann sah ich in einem Traum einen großen See und ich sah mich ihn überqueren und am anderen Ufer landen. Ich erzählte Tamar und den anderen Brüdern, die regelmäßig kamen, um mich heimlich zu trösten, von dieser Vision und wir warteten ab, um zu sehen, ob der Herr es wahr werden ließ. Dann erfuhren wir, dass unser Pastor, Fabien Nzabagurira, Menschen geholfen hatte über den Kivusee zu entkommen, indem er sie zur Insel Idjwi hinüberbrachte. Ich bat Tamar ihm zu schreiben und ihm von meiner Anwesenheit zu berichten und nachzufragen, ob er etwas tun konnte, um mir zu helfen.

Der Pastor sandte uns eine Nachricht, dass ich versuchen sollte zu seinem Haus in Tyazo zu gelangen, vorzugsweise bei Nacht. Schon bald kamen Beata und ein anderer junger Christ mit Namen Marcel Subukino, um mir mitzuteilen, dass ein Boot gefunden worden war, um uns zur Insel Idjwi zu bringen. Ich verbrachte den ganzen Tag im Gebet, pries den Herrn und wartete auf die Nacht, um gehen zu können. Andere Christen, die von meiner Anwesenheit in der Familie wussten, kamen heimlich, um mir Lebewohl zu sagen. Wir nahmen uns Zeit, den Herrn für seine Bewahrung und Vorsehung zu preisen und sie befahlen mich in seine Hände für eine sichere Reise. »Geh in Frieden und der Herr möge dich fortgeleiten. Wenn wir uns auf der Erde nicht mehr begegnen, wollen wir uns im Himmel treffen.«

Sie gingen und ich wartete, bis die Nacht dunkel genug war, um wegzugehen. Beata wollte mich begleiten, weil es sehr dunkel war, aber ich sagte ihr, der Herr würde mein Begleiter sein und schließlich gelang es mir, sie zu überzeugen dazubleiben. Ich verließ Mwasa allein, ging über Kirambo, wo meine Cousins lebten und erzählte ihnen, wohin ich unterwegs war und sie begleiteten mich nach Tyazo, wo sich das Haus unseres Pastors befand. Wir kamen an einer Straßensperre vorbei, aber diejenigen, die Nachtschicht hatten, sahen uns nicht. Als wir in die Nähe meines Zieles kamen, beschlossen meine Cousins umzukehren und ich ging allein weiter. Ich kam an einer anderen Straßensperre vorbei und wieder sahen sie mich nicht, trotz des großen Feuers, das sie angezündet hatten. Da erinnerte ich mich an den Vers: »Er wird dich behüten wie eine Henne, die ihre Küken unter die Flügel nimmt ...« (Psalm 91, 4).

Ich kam gegen 2 oder 3 Uhr morgens sicher am Haus des Pastors an. Er war noch auf und erwartete meine Ankunft.

Ein anderes junges Mädchen, Tabita Mukandoli, war ebenfalls gekommen, damit ihr herübergeholfen wurde. Wir saßen und priesen den Herrn und erzählten von all den Wundern, die wir in den letzten Tagen durchlebt hatten.

Wir verbrachten dort den Tag und warteten auf den Seemann, der bei Einbruch der Nacht kommen sollte. Der Abend kam und es war Zeit zu gehen. Unser Pastor betete für uns und sandte uns mit einem Segen fort. »Möge der Herr euch bis zu eurem Bestimmungsort geleiten. Ich hoffe wir werden uns bald wiedersehen. Vergesst niemals all die guten Dinge und die Wunder, die ihr mit euren eigenen Augen gesehen habt.« Er schrieb eine Empfehlung für uns, die wir dem Pastor von der Kirche in Idjwi geben sollten und sein jüngerer Bruder Felicien Munyangeyo begleitete uns zu der Insel.

Wir setzten sicher über und gingen schnurstracks zu der Kirche in Idjwi. Wir gaben den Kirchenleitern die Empfehlung und wurden herzlich aufgenommen. Obwohl wir kein Kisuaheli oder Mashi sprechen konnten, die örtlichen Sprachen, fanden wir einige Leute, die Kinyarwanda verstanden und sie übersetzten für uns. Alle waren erstaunt zu hören, was der Herr für uns getan hatte und freuten sich zu erfahren, dass es noch Menschen Gottes gab, die ihren Glauben nicht verraten hatten und die sogar bereit waren ihre eigene Sicherheit für das Überleben von Geschwistern zu riskieren. Wir blieben bis zum Ende des Krieges bei ihnen und kamen dann nach Hause zurück.

6 Geweidet von den Schafen

Von Assiel Ngwije

Wenn tausend neben dir tot umfallen,
ja, wenn zehntausend in deiner Nähe sterben -
dich selbst trifft es nicht!

Psalm 91, 7

Ich war Pastor der Freien Methodistischen Kirche von Yove in der Kommune Kirambo, Präfektur Cyangugu, als am 9. April der Völkermord in unserem Gebiet begann. Meine Familie und ich entschieden uns dafür unterzutauchen. Zuerst nahmen wir, mit vielen hundert anderen, Zuflucht in einer Kirche in Hanika in der Kommune Gatare. Die Mörder fanden uns dort und begannen Granaten in die Menge zu werfen.

Menschen starben überall um mich herum. Diejenigen, die versuchten zu entkommen, wurden gefangen und sofort getötet. Sogar diejenigen, denen es gelang bis zur nahe gelegenen Krankenstation zu kommen, wurden bis dorthin verfolgt und getötet. Das Niedermetzeln war zu einer Art Spiel für diese Leute geworden; da gab es kein Gefühl des Mitleids mehr. Am Ende gelang es nur einigen wenigen zu entkommen. Mehr als zweitausend Menschen kamen an diesem Ort um.

Dies Erlebnis war sehr traumatisierend, aber der Herr stärkte mich und die ganze Zeit arbeitete ich, um die Menschen um mich herum zu stärken und sie zu ermahnen, sich dem Herrn in Buße zuzuwenden. Mit dem Leben auf dieser

Erde rechnete keiner mehr von uns, so herrschte ein weitverbreitetes Empfinden, dass wir uns besser auf das ewige Leben vorbereiteten. Ich führte an diesen zwei Tagen mehr Menschen zum Herrn, als ich es jemals in meinem gesamten Dienst getan habe oder tun werde.

Unterdessen waren meine Frau und drei unserer Kinder unter denen, die bewahrt wurden. (Unsere anderen Kinder waren überallhin verstreut worden und wir wussten nicht, ob sie lebten oder tot waren.) Uns gelang es am 11. April den Mördern zu entkommen und wir gingen, um uns zu verstecken. Wir sollten die Wärme der Sonne bis zum 2. Juni nicht mehr spüren. Zuerst flohen wir nach Gatare, wo wir uns, mit zwei anderen Flüchtlingen, zwei Wochen im Haus einer alten Frau mit Namen Bertha versteckten. Bertha war sehr freundlich zu uns, sie verpflegte uns und tat alles für uns, denn wir konnten nicht nach draußen gehen.

Nach zwei Wochen wurde unser Versteck entdeckt. Uns kam zu Ohren, dass die Mörder jederzeit kommen würden. Wir beschlossen, zurück nach Yove zu fliehen, wo wir gewohnt hatten. Es war leichter für uns, ein Versteck unter den Menschen zu suchen, die wir gut kannten. Es war immer nur bei Nacht, dass wir die Aufenthaltsorte wechselten. Wir gingen zum Haus von Joel, einem wirklich verbindlichen Mann Gottes, und er war damit einverstanden, uns zu verstecken. Dort erreichte uns die Nachricht, dass unser erstgeborener Sohn, der gerade erst sein Studium abgeschlossen hatte, getötet worden war. Wir erfuhren auch, dass unser Haus zerstört und all unsere Habe geraubt worden war, aber dass es einigen aus unserer Gemeinde gelungen war, etwas Kleidung sicherzustellen. Wir machten daraus kleine Bündel, saßen da und warteten auf die Zeit zum Weiterziehen.

Drei Tage später kam die Nachricht, dass unsere Anwesenheit vermutet wurde und das Haus bald durchsucht werden würde. In derselben Nacht machten wir uns nach Mutuntu auf, zum Haus von Zachariah, einem unserer Evangelisten. Wir verbrachten acht Tage dort, aber da Zachariah sich nicht am Plündern oder Töten beteiligt hatte, trauten die Mörder ihm nicht und waren ihm gegenüber sehr wachsam. Nach acht Tagen verließen wir ihn und gingen zum Haus von John, einem anderen Katecheten unserer Kirche.

Wir kamen kurz vor 5 Uhr morgens an, aber John und seine Frau waren nicht da. Wir wurden von ihren Kindern willkommen geheißen, die sich so sehr freuten uns zu sehen, dass sie unabsichtlich die Nachricht von unserer Anwesenheit verbreiteten. Den Menschen war gesagt worden, wir wären tot und viele unserer christlichen Freunde freuten sich, als sie hörten, wir wären am Leben. Dennoch, als John und seine Frau an dem Abend ankamen, warnten sie uns, dass ihr Haus für uns nicht länger sicher war. So waren wir gegen 8 Uhr abends auf dem Weg nach Cyato, um uns bei Nicodeme zu verstecken, einem weiteren Katecheten unserer Kirche.

Unglücklicherweise stand sein Haus in der Nähe eines Marktes und die Wahrscheinlichkeit war groß, dass wir sofort entdeckt werden würden. Also arrangierte Nicodeme für uns eine Unterkunft bei Damien Bazibaza, einem anderen Katecheten. Wir blieben mehrere Tage und während dieser Zeit war dem verantwortlichen Pastor unseres Bezirks, Michel Wakana, mein Aufenthaltsort genannt worden und er konnte Geld für unseren Unterhalt schicken.

Tage vergingen, die Massaker gingen weiter, und wir fürchteten, die Milizen würden schließlich von unserer

Anwesenheit erfahren und uns überraschen. Es wurde entschieden, dass es am sichersten wäre, uns zur Insel Idjwi in Zaire hinüberzubringen. Also sorgten zwei unserer Katecheten, Ephraim Kimonyo und James Turikunkiko, für ein Boot und Seeleute, um uns überzusetzen. Dann, mitten auf dem See, kam ein Sturm auf, und wir hatten keine Hoffnung mehr zu überleben. Wir hatten dem Herrn für seine Rettung vor den Macheten, Stöcken und Granaten gedankt, aber hier waren wir nun, mitten auf dem See vom Wind hin- und her geworfen, weit weg von jeder Hilfe.

Da erinnerte ich mich an die Worte des Psalmisten: »Ich hebe meine Augen auf zu den Bergen – woher kommt mir Hilfe? Meine Hilfe kommt von dem Herrn, dem Schöpfer des Himmels und der Erde« (Psalm 121, 1). Wir beteten inbrünstiger und legten dem Herrn sogar ein Gelübde ab, ihm mit unserer ganzen Kraft zu dienen, wenn wir vom Tod im Wasser gerettet würden. Gegen 5 Uhr morgens landete das Boot sicher am Ufer. Wir saßen dort am Strand, bibberten vor Kälte und warteten auf den Sonnenaufgang, um jemand zu finden und nach dem Weg zu fragen.

Wir wurden zu einem ortsansässigen Christen geführt, mit Namen Elijah, der an eben diesem Morgen ein Gebetsgruppentreffen in seinem Haus abhielt. Sie hießen uns herzlich willkommen, beteten für uns und luden uns ein, uns auszuruhen. Mehr Menschen kamen in seinem Haus an und wir fühlten uns verwirrt und ängstlich. Wir bekannten, dass wir Angst hatten, unter ihnen könnten Mörder sein. Daraufhin trösteten uns Elijah und seine Freunde und sagten uns, dort wären keine Mörder und in ihrem Haus könnte uns kein Leid geschehen. Das war am 2. Juni und es war das erste Mal seit dem 11. April, als wir in den Untergrund gegangen waren, dass wir zu Menschen mit normaler Stimme sprachen, ohne flüstern zu müssen. Es war das erste Mal, dass wir die Wärme der Sonne spüren konnten. Wir fühlten uns wie neugeboren. Der Pastor der Kirche kam ebenfalls, um uns zu sehen und bat meine Frau und mich zu kommen und bei ihm zu bleiben während unsere Kinder bei Elijahs Familie blieben.

Zwei Wochen später ging ich nach Bukavu. Ich wollte mit den Pastoren Verbindung aufnehmen, die noch in Ruanda waren. Ich hoffte auch, dort ein Haus für meine Familie zu finden. Ich wurde von den Christen gut aufgenommen und mir wurde sogar eine Bleibe versprochen. Als ich zurückkam, um meine Familie zu holen, gab es weitere gute Nachrichten. Eines unserer verlorenen Kinder, unsere Tochter, war gerade angekommen. Sie war von einem unserer Katecheten, Sezibera, und zwei Christinnen, Maria Nyiramparirwa und Rebecca Nyirangirabami, gefunden und versteckt worden. Sie hatten ihr später geholfen zu fliehen und sie holte uns auf Idjwi ein. Ihre Geschichte war eine Odyssee für sich, da sie mehr als einmal aus der Hand der Mörder gerettet wurde.

Wir zogen nach Bukavu und schon bald kamen andere Flüchtlinge in großer Zahl an. Dann sah ich unter den neuen Flüchtlingen einige der Mörder, die in meiner Gegenwart Menschen niedergemetzelt hatten. Ich hatte Angst, sie würden uns töten und wusste nicht, was ich tun sollte. Schließlich beschlossen wir nach Ruanda zurückzugehen. André Ntambabaro, einer unserer Pastoren, der noch in Ruanda war, willigte ein zu kommen und am Rusizi-Fluss auf uns zu warten, um uns nach Ruanda hineinzuhelfen.

So kehrten meine Frau und ich und unsere vier Kinder am 30. August zurück und ließen uns in Kigali nieder, denn wir wagten es nicht, in unser eigenes Heimatdorf zurückzugehen. Seitdem hatten wir Kontakt mit allen Personen, die uns geholfen haben und wir preisen den Herrn weiter für seine Güte.

7 Vereint fürs Leben

Von Epimaque Munyeragwe und seiner Frau

Ein Mann verlässt seine Eltern
und verbindet sich so eng mit seiner Frau,
dass die beiden eins sind in Leib und Seele ...
Was aber Gott zusammengefügt hat,
darf der Mensch nicht trennen.
Matthäus 19, 5-6

Die Tötungen begannen hier im Bugesera Gebiet gleich nach dem Tod von Präsident Habyarimana. Tatsächlich hatten sie schon früher angefangen, denn es hat hier, seit dem Beginn des Krieges 1990, viele Morde gegeben. Während jener Zeit habe ich viele Mitglieder aus meiner weiteren Verwandtschaft verloren, denn meine Frau gehört zur ethnischen Gruppe der Tutsi.

Obwohl ich ein Muhutu bin, stand ich auf der schwarzen Liste der Extremisten, weil ich, während den großen Massakern von 1992, viele Menschen versteckt hatte und mich weigerte meine Frau auszuliefern. Außerdem waren die meisten unserer Kirchenmitglieder Tutsi und dass ich in jenen Tagen mit ihnen betete und Umgang mit ihnen pflegte, hatte mich als Verräter und als Komplize der FPR erscheinen lassen, denn als solche wurden alle Batutsi angesehen.

So gehörte ich, als die Massaker von 1994 begannen, zur Zielgruppe. Mein Haus wurde mehr als zehnmal angegriffen. Ich kann nicht im Detail über jeden Angriff berichten, dem ich gegenüberstehen musste, aber es war eine sehr bedrohliche Zeit für mich. Doch ich hatte mein Vertrauen in den Herrn gesetzt und er hat uns durch jene schwierigen Zeiten hindurchgebracht.

Der erste Angriff erfolgte am Montag, dem 11. April, vier Tage nach dem Tod des Präsidenten Habyarimana. Ich war gerade im Haus eines Nachbarn, als ich gewarnt wurde, dass eine Bande von Mördern auf mein Haus zusteuerte. Ich eilte dorthin und fand sie bereits auf meinem Grundstück vor. Erst sprachen sie freundlich mit mir, sie erklärten, dass wir alle Batutsi loswerden mussten, weil sie den »Feinden« der Nation helfen würden. Sie erzählten Geschichten von denen, die ihre Frauen mit ihren eigenen Händen getötet hatten, berichteten von diesem und jenem Nachbarn, der seine Freunde getötet hatte, und dann endeten sie, indem sie sagten: »Wir wissen, dass deine Frau zu den Tutsi gehört. Hol sie heraus und hack sie zu Tode. Hier ist eine Machete, wenn du keine eigene hast.«

So etwas Böses war für mich unvorstellbar, aber als sie weiter darauf bestanden, erkannte ich, dass sie meinten, was sie sagten. *Meine* Frau hatte Zuflucht genommen in *meinem* Haus und sie fragten *mich*, sie herauszubringen und sie abzuschlachten. Ich sprach ein stilles Gebet, nahm meinen Mut zusammen und sagte ihnen: »Ich werde meine Frau nicht töten, ich werde sie nicht aus dem Haus herausholen und wenn ihr entschlossen seid sie zu töten, fangt mit mir an. Hier sind meine sechs Kinder, fangt mit dem Ältesten an, tötet sie alle und dann tötet mich als Letzten, ehe ihr hineingeht und meine Frau herausholt, um sie zu töten.«

Sie bedrängten mich hart, aber ich widersetzte mich. Dann drohten sie selbst hineinzugehen und sie herauszubringen.

»Niemand wird jemals dieses Haus betreten und meine

Frau herausbringen, solange ich noch Leben in meinem Körper habe«, sagte ich ihnen mit einem Mut, den ich im Innern nicht fühlte. Ich wusste, sie konnten und würden mich wahrscheinlich töten. Wir argumentierten noch hitzig, als andere Nachbarn ankamen, unter ihnen einer meiner Brüder und mein Vater. Die Feindseligkeit der Mörder ließ für eine Weile nach und ich benutzte die Gelegenheit ihren Anführer zur Seite zu nehmen und versuchte mit ihm zu verhandeln. »Warum tust du das? Was bringt es dir, unschuldige Nachbarn zu töten? Wenn es irgendetwas gibt, das ich dir geben kann, sag es mir. Ich werde dir alles geben, was du willst, aber töte niemanden in meinem Haus«, bat ich ihn eindringlich.

»Gib mir 10 000 Francs«, antwortete er. Aber Geld war knapp.

Ich antwortete: »Du kennst sehr gut die schwierigen Zeiten, mit denen wir alle konfrontiert sind; was denkst du, wo ich so eine Summe Geld herbekommen würde?«

»Wie viel bietest du?« fuhr er fort.

»Ich gebe dir 2000 und du ziehst deine Bande ab«, antwortete ich.

»Bring 5000«, entgegnete er.

Also eilte ich ins Haus, beruhigte meine Frau, suchte alles Geld, das wir gespart hatten, zusammen und ging dahin zurück, wo sie warteten.

»Hier ist mein ganzes Geld,« sagte ich dem Anführer. »Nimm es und bring deine Männer weg und wenn du nicht zufrieden bist, nimm es und töte uns. Wir sind in deiner Gewalt, du kannst mit uns machen, was immer du entscheidest.«

Die ganze Bande begann miteinander zu schreien: »Lasst uns gehen, lasst uns gehen. Dies ist ohnehin ein Mann

Gottes und von ihm geht keine Gefahr aus.« Als sie uns verließen, bat ich sie, mir ein Schriftstück als Bescheinigung zu geben, dass sie in unserem Haus gewesen waren, damit diejenigen, die später kommen würden, uns nichts antun würden. Sie lachten über meine Naivität und sagten: »Geld oder kein Geld, sie wird sterben. Sonst finde einen anderen Ort, um sie zu verstecken.«

Sie gingen. Die Kinder hatten sich, weinend und zitternd, um mich herum zusammengedrängt. Ich fühlte, wie Angst und Verzweiflung mich packten, aber ich zwang mich dazu innezuhalten und zu beten und meine Gefühle unter Kontrolle zu bringen. Dann ging ich hinein, um meine Frau zu trösten. Sie hatte ein kleines Baby und wurde zur Flucht gezwungen. In den darauffolgenden Tagen zog sie viel um, manchmal blieb sie versteckt in unserem Haus oder im Haus eines Nachbarn oder sogar im Gebüsch, wenn die Gefahr sehr nah war.

Die Angriffe auf unser Haus gingen die ganze Zeit weiter und einer kostete uns beinahe unsere Leben. Eines Tages kam eine Bande von etwa 50 Mördern mit Gewehren und Macheten, entschlossen mit mir ein Ende zu machen. Aber dann wechselte ihre Aufmerksamkeit zu meinem Motorrad und einige wollten das einfach nur stehlen und dann gehen. Ihr Anführer widersprach: »Wir hätten diesen Mann und seine Frau schon längst töten sollen. Motorrad oder nicht, unsere Mission heute ist es, mit ihm Schluss zu machen.« Er fuchtelte mit dem Gewehr, das er in seiner Hand hielt.

Unglaublicherweise baten einige Mitglieder der Bande für mich. »Aber dieser Mann hat nichts Falsches getan, er war sogar gut zu uns. Warum ihn töten? Lasst uns das Motorrad nehmen und ihn in Ruhe lassen.«

Der Anführer war unerbittlich. »Gut oder nicht gut, es

ist meine Entscheidung, dass dieser Mann sterben muss.« Also zerrten sie mich heraus und nötigten mich, mich auf die Erde zu setzen. Der Anführer legte sein Gewehr an, nahm eine Schießstellung ein und befahl seinen Männern zur Seite zu gehen. Einer von ihnen griff noch ein und bestand darauf, mir erst einige Fragen zu stellen.

»Wo sind die Leute, die du versteckt hast? Wie viele von ihnen hast du?« Ich blieb still.

Der Anführer war ungeduldig. »Warum ihm Fragen stellen? Wir kamen, um ihn zu töten.« Aber die anderen fragten weiter und schließlich machte er mit und verlangte Geld.

»Ich habe kein Geld mehr übrig,« sagte ich ihnen. »Aber ihr könnt meine Kuh nehmen und essen.« Sie lachten. Fleisch hatte in jener Zeit keinen wirklichen Wert mehr, da so viele Kühe, Ziegen und Schafe zurückgelassen oder gestohlen worden waren, dass ihr Wert gesunken war. Dann geschah ein Wunder. Plötzlich sagte der Mann, der zuerst angefangen hatte mich zu befragen: »Ich werde dir Geld leihen, du wirst es mir später zurückzahlen. Kauf dich frei.« Ich nahm das Geld, gab es ihm zurück und sie gingen alle.

Ich blieb zurück, voller Staunen über die Macht des Herrn. Meine Frau und andere Flüchtlinge, die ich beschützte, besuchten unser Haus nur nachts, um zu essen. Wir hatten ein Loch gegraben, um einige zu verstecken; andere versteckten sich im Buschwerk. Ich stand unter Verdacht und unser Haus wurde regelmäßig durchsucht. Die meisten Personen, die ich versteckte, gehörten zu unserer Gebetsgruppe und sie sind noch am Leben. Wir haben viel Grund Gott zu danken, er war uns gnädig in jenen Zeiten der Gefahr.

Darum kamen wir aus dem allem mit einer noch größeren Entschlossenheit heraus, ihm zu dienen. Heute sind in Ruanda viele Menschen zornig und denken an nichts anderes als an Rache. Aber wenn ich daran denke, wie der Herr uns bewahrt hat, kann ich keine Rache hegen. Ich kenne die Leute, die mein Geld genommen haben, ich kenne die, die meine Kühe gegessen haben, aber ich habe keinen Groll gegen sie in meinem Herzen. Ich werde noch nicht einmal zum Gericht gehen, um sie anzuzeigen. Das würde den Herrn erzürnen, der mich die ganze Zeit beschützt hat … Unser Herr lehrte uns »zu vergeben und unsere Feinde zu lieben« und das ist es, was er von uns in diesen Tagen erwartet.

Wenn die Machthaber diese Mörder und Plünderer fangen und beschließen sie zu bestrafen, ist das ihre Pflicht, aber es ist nicht richtig für mich, Groll zu behalten. Wenn ich die einzige Person wäre, gegen die sie sich vergangen haben, würde ich ihnen sogar öffentlich vergeben und in Frieden mit ihnen leben, aber sie haben sich an vielen Menschen vergangen und nicht alle haben die Gnade erhalten ihnen zu vergeben. Nur diejenigen, die Gott vertrauen, werden befähigt werden auf diese Weise, bedingungslos, zu vergeben.

8 Menschenschmuggler

Von David Libanje

Nicht uns, Herr, nicht uns,
sondern dir allein steht Ehre zu!
Du allein bist gnädig und treu!
Psalm 115, 1

Als der Völkermord ausbrach, hörten wir zuerst nur entfernte Gerüchte. Dann, nach einigen Tagen, kamen immer wieder viele Menschen zu mir ins Haus. Einmal war es die Frau eines Pastors, gleichzeitig mit einer anderen Frau, vier jungen Männern und fünf Kindern. Sie versteckten sich in jener Nacht in unserem Haus, aber am folgenden Tag kamen Mörder näher und ich beschloss, die Flüchtlinge zum Haus eines Cousins zu bringen.

Sie dort zu verstecken war am Anfang leichter, da er nie viel Besuch bekam – er war Junggeselle. Mein Cousin bewies viel Mut und das stärkte mich für die Herausforderung. Wir kochten die Mahlzeiten in meinem Haus und er holte sie für die zehn Personen, die er versteckte, ab. Er schenkte dem Risiko gesehen zu werden keine Beachtung. Aber schon bald erfuhren wir, dass unser Gebiet als nächstes durchsucht werden sollte.

In der Nacht holten wir unsere Freunde heraus, vorbei an den Patrouillen und hinüber zu dem Werkzeugraum in der Schule, an der ich Lehrer bin. Dieses Gebiet war bereits durchsucht worden, also waren wir zuversichtlich, sie würden hier sicher sein. Aber am folgenden Tag, während ich auf dem Hügel gegenüber der Schule stand, sah ich Milizen auf die Schule zusteuern.

Mein Herz sank. Ich wusste nicht, was ich tun sollte, aber ich sprach dieses stille Gebet: »Herr, du kannst immer noch Wunder wirken. Lass deine mächtige Hand heute sichtbar werden, indem du deine Menschen rettest.« Ich nahm meinen Mut zusammen und machte mich zu dem Ort auf, bereit, wenn nötig, zu sterben.

Die Gruppe war inzwischen auf dem Schulgelände angekommen. Einige gingen in die Kapelle und holten Bänke heraus, während andere herumstreiften. Einer von ihnen ging zur Tür des Werkzeugraums, wo die Menschen versteckt worden waren. Meine Freunde drinnen hörten, wie er sich mit dem Vorhängeschloss abmühte, kurz davor, es gewaltsam zu öffnen. In diesem Augenblick rief ein anderer aus der Gruppe ungeduldig: »Beeil dich, lasst uns gehen. Dieser Ort ist durchsucht worden und dort gibt es nichts zu holen. Lasst uns gehen und einige Kühe zum Essen suchen.«

Sie gingen sofort und ich duckte mich neben der Straße nieder, um nicht gesehen zu werden. Der Herr hatte mein Gebet erhört und ich jubelte innerlich. Ich kroch weg nach Hause, fest entschlossen den Flüchtlingen noch in derselben Nacht nach Zaire hinüberzuhelfen. Um Mitternacht schlich ich mich zurück zu dem Werkzeugraum, zitternd vor Besorgnis, dass die Mörder während meiner Abwesenheit zurückgekehrt sein könnten. Glücklicherweise fand ich sie unversehrt vor, aber vor Angst schlotternd.

Ich holte sie in mein Haus zurück und mietete am folgenden Tag einige vertrauenswürdige christliche Führer, die mir helfen würden, sie nach Zaire hineinzu»schmuggeln«. Sie kamen nach Mitternacht und wir begleiteten sie nach

Rusizi, indem wir den Weg über den Ort nahmen, der Nyenzi genannt wird.

Für diese Strecke benötigt man gewöhnlich anderthalb Stunden, aber in dieser Nacht dauerte es viel länger, denn wir hatten Kinder bei uns und es regnete stark. (Das war zu unserem Vorteil – weil die Patrouillen die Straße verlassen hatten, um sich unterzustellen.) Wir beteten den ganzen Weg, indem wir den Herrn baten uns zu beschützen und er tat es. Unsere Freunde gelangten sicher hinüber und wir gingen zurück nach Hause. Dies war die erste Tour, aber mehr würden folgen.

Eine Tour, an die ich mich mit viel Lob des Herrn erinnere, ist die, als ich einer Frau mit Namen Lauradia helfen musste. Sie kam mit zwei Kindern aus Bugarama an. Nach einer Woche war entdeckt worden, dass sie sich bei uns versteckte. Diesmal flohen wir nicht über Nyenzi, sondern durch Ruhoko an den Ort, der Rukoko genannt wird. Ein Mann hatte eingewilligt, ihnen zu helfen den Fluss zu überqueren, aber als wir um 3 Uhr morgens an seinem Haus ankamen, sagte er, er wollte gehen, um noch weitere Hilfe zu holen.

Ich wurde misstrauisch und verschob die Tour sofort. Ich hatte Angst, dass er uns verraten würde. Wieder zu Hause betete ich, dass der Herr mir einen anderen Führer zeigte. Während ich dasaß und überlegte, was ich mit Lauradia und ihren Kindern tun sollte, kam ein freundlicher Nachbar vorbei. Während wir plauderten, fragte ich ihn, ob er wüsste, wie man Menschen helfen könnte den Fluss zu überqueren.

Er sagte »ja« und ich erzählte ihm, dass ich noch in derselben Nacht seine Hilfe benötigte. Ich versprach für seine Arbeit zu bezahlen und er war einverstanden. Wir brachen wie gewöhnlich spät abends auf und es war fast Morgen, als wir in die Nähe des Ortes zum Übersetzen ankamen. Wir versteckten uns im Haus von Pierre Mapoli, Evangelist unserer Kirche. In der darauffolgenden Nacht, um 2 Uhr morgens, krochen wir hinunter zum Fluss und warteten auf den Sonnenaufgang. Ich war neugierig zu sehen wie der Seemann sie herüberbringen würde. Er hatte kein Boot, aber er war mit einem großen Zuckersack aus Plastik gekommen. Dann war die Zeit gekommen. Er steckte Lauradia in den Plastiksack, füllte ihn mit Luft und schob ihn in den Fluss. Er folgte dem Sack in den Fluss und schwamm, indem er ihn vor sich herschob, bis er am anderen Ufer angekommen war. Er ging und kam zurück für die Kinder. Die ganze Zeit über blieb ich am Ufer und betete um Sicherheit. Als die Operation vorüber war, lobten wir den Herrn und kehrten nach Hause zurück.

Als die Tötungen anfingen, wog ich etwa 70 kg. Aber in den folgenden Wochen und Monaten verlor ich viel Gewicht und wurde so alarmierend dürr, dass einige Leute anfingen zu sagen ich hätte AIDS. Die Wahrheit war, dass ich Tag und Nacht von der Besorgnis um die Menschen, die ich ständig versteckte, gequält wurde. Ich hatte große Angst davor zu sehen wie sie getötet würden, entweder in meinem Haus oder auf unserem Kirchengelände. Es wäre für mich eine Folter gewesen zu sehen wie unschuldige Menschen abgeschlachtet wurden und darum unternahm ich solche Anstrengungen, um so viele Menschen wie ich konnte zu retten. Zusätzlich zu dieser natürlichen Abscheu vor dem Bösen, wusste ich, dass es des Herrn Wille war, anderen Menschen in Not zu helfen.

Schließlich kam der Tag, als ich selbst dem Tod gegenüberstand. Es waren keine Leute in meinem Haus und ich war auf der Straße, als ich eine Bande von Interahamwe-

Milizen traf. Einer packte mich am Hals, sah mich eindringlich an, hielt mir das Messer ans Herz und sagte: »Ich traue diesem Mann nicht. Seht euch sein Aussehen an, könnt ihr ihm trauen? Er muss sterben.«

Zu der Zeit waren die meisten Batutsi getötet worden und es waren keine mehr zum Töten übrig. Die Milizen hatten dann angefangen, die Bahutu zu überprüfen, indem sie die mit großem und schlankem Körperbau heraussuchten und sie verdächtigten mit Batutsi blutsverwandt zu sein. »Wir müssen alle Batutsi töten und jeden, der auf die eine oder andere Art mit ihnen verwandt sein könnte«, erklärte er weiter.

In stillem Gebet befahl ich dem Herrn mein Leben an und dann flehte ich bei der Gruppe um Gnade. Der Mann holte mich von der Straße herunter ins Gebüsch, aber die anderen griffen ein und mir wurde erlaubt zu gehen. Ich ging nach Hause und pries den Herrn wieder einmal für seine Bewahrung.

Ich habe in diesen Tagen den Herrn Wunder wirken sehen und wann immer ich mein Zeugnis gebe, möchte ich, dass dem Herrn alle Ehre und Preis gegeben wird. Wir waren seine Werkzeuge, um anderen Menschen zu helfen, aber es war tatsächlich seine Arbeit. Angenommen wir wären dabei ertappt worden? Wir hatten keine Macht entweder uns selbst oder den Menschen zu helfen, die wir zu retten versuchten. Ehre sei Gott allein!

9 Weder Hutu noch Tutsi

Von Pastor Stanislas Hamuri

Da ist weder Grieche, noch Jude,
Beschnittener oder Unbeschnittener,
Barbar, Scythe, Sklave oder Freier,
sondern Christus ist alles und in allen.
Kolosser 3, 11

Die Massaker begannen so plötzlich, dass sie uns überraschten. Am Freitag, dem 8. April, stürmte ein junges Mädchen, Mitglied meiner Gemeinde, auf unser Gelände. Sie war atemlos vor Entsetzen. Ihre Geschichte kam zwischen ihren Schluchzern heraus – ihre Eltern waren niedergemetzelt worden und ihr Bruder war gerade in der Kirche von Kiziguro getötet worden, als die Milizen diejenigen angriffen, die dort Zuflucht gesucht hatten. Das Mädchen machte einen tief traumatisierten Eindruck und bat inständig um Schutz. Entsetzt brachte ich sie eilig nach drinnen, damit sie von niemandem gesehen werden würde.

Sie war gerade ins Haus gegangen, als ich eine Gruppe Interahamwe, mit Macheten und Stöcken bewaffnet, auf mein Haus zukommen sah. Ich dachte, sie wären hinter ihr her und wollten uns angreifen, aber sie gingen geradewegs vorüber und ihres Weges. Kaum waren sie weg, da schlichen sich drei weitere Menschen auf mein Grundstück, alle bebend vor Angst. Ich schob sie ebenfalls ins Haus und setzte mich zitternd vor die Tür.

Eine andere Gruppe Interahamwe kam vorbei und

begrüßte mich. Während sie ihres Weges gingen, fragte ich sie, so natürlich wie ich konnte, was sie gerade taten. Ihr Anführer antwortete: »Wir töten alle Batutsi, um unseren Präsidenten zu rächen. Wir haben diejenigen getötet, die wir gefunden haben, und jetzt erledigen wir diejenigen, die entkommen sind. Sie müssen alle sterben.«

Ich nickte, wie betäubt und blieb danach still, da ich ihre Aufmerksamkeit nicht auf mich oder mein Haus lenken wollte. Als sie außer Sichtweite waren, krochen einige weitere verängstigte Menschen auf mein Grundstück zu. Bis zum Ende des Tages waren es insgesamt 15 Personen, die in meinem Haus Zuflucht gesucht hatten. Unter ihnen war unser Evangelist, Telesphore Kalinamaryo, und sechs seiner Kinder. Mit meiner eigenen Familie zählten wir nun insgesamt 24 Personen.

Ich war in meinem Herzen fest entschlossen niemals irgendjemand den Interahamwe auszuliefern. Und ich würde niemand abweisen, der kam, um in meinem Haus Zuflucht zu suchen, trotz der Androhungen von Vergeltungsmaßnahmen der Interahamwe. Es war meine Überzeugung, dass Menschen nicht wegen ihrer ethnischen Zugehörigkeit getötet werden sollten, und ich hatte meine Gemeinde oft gelehrt, dass, wenn du in Christus bist, es da weder Muhutu noch Mututsi, Mann oder Frau gibt, sondern einfach Kinder Gottes, alle gleichermaßen.

Also blieben wir alle in den folgenden Tagen zusammen in meinem kleinen Haus, teilten das wenige, das wir hatten, und der Herr beschützte uns während dieser ganzen Zeit. Die Milizen setzten ihre Menschenjagd fort, manchmal kamen sie sogar zu meinem Haus, aber sie dachten nie daran, es zu durchsuchen. Dann, eines Tages, kam einer ihrer Anführer in mein Haus und saß mit mir im Wohnzimmer.

Er fing an nachzufragen, wo denn unser Evangelist Telesphore Kalinamaryo und seine Familie wären. Ich spürte die Angst im Innern, da ich dachte, ich wäre entdeckt worden. Aber ich blieb äußerlich ruhig und leugnete zu wissen, wo sie sich versteckten. Er glaubte es und ging. Wir priesen den Herrn täglich für seinen Schutz und seine Vorsehung, da wir nie behelligt wurden und es uns nie an Nahrung mangelte, trotz der vielen Menschen, die wir verpflegen mussten.

Ungefähr eine Woche nach dem Besuch des Anführers sahen wir viele Menschen in der Ferne rennen. Sie befanden sich in Auflösung und in großer Not. Wir entdeckten, dass sie vor der FPR flohen, die in dieses Gebiet unterwegs war und geschworen hatte, alle Bahutu zu töten. Ich besprach die Situation mit den Menschen, die sich in meinem Haus versteckten und wir entschieden alle, dass es das Beste sei ebenfalls wegzulaufen. Aber einer von meinen Flüchtlingen war sehr schwach, da er die Schläge der Interahamwe kaum überlebt hatte, die annahmen er sei tot, als sie ihn zurückließen. Wir besprachen unsere gefährliche Situation mit ihm und er war einverstanden, allein zu bleiben.

Die Milizen rannten auch weg, schneller als alle anderen! Wir waren noch nicht weit gegangen, als die Nachricht kam, dass die FPR gesagt hatte, dass jeder, der auf der Flucht erwischt wird, getötet werden würde; dass alle Leute in ihre Häuser zurückgehen sollten. Wir kehrten um und zwei Tage später trafen Soldaten der FPR ein. Sie fanden die Flüchtlinge und erkundigten sich, wie alle diese Leute die Massaker überlebt hätten und wurden davon unterrichtet, dass sie sich alle in meinem Haus versteckt hatten.

Wir wurden dann aufgefordert zu gehen und uns anderen in dem Lager für Vertriebene anzuschließen. Die Soldaten erklärten, es wäre notwendig eine strenge Kontrolle über die Dorfbewohner auszuüben, da sie nach Regierungssoldaten und bewaffneten Milizen suchten. Also nahmen wir, was wir tragen konnten, und machten uns auf den Weg zu dem Lager, wo wir bis zum Ende des Krieges blieben. Dann wurde uns gesagt, dass wir nach Hause zurückgehen konnten.

10 Die Macht des Gebets

Von Protogene Dusengemungu

Weil sie glaubten und Gott vertrauten,
konnte er Großes durch sie tun.
Sie bezwangen Königreiche,
sorgten für Recht und Gerechtigkeit und erlebten,
wie sich Gottes Verheißungen erfüllten.

Hebräer 11, 33

Von April bis Juli 1994 war es eine sehr angefochtene und ermüdende Zeit für uns örtliche, christliche Leiter. Als die Massaker begannen, suchten viele Menschen Zuflucht auf dem Gelände meiner Kirche in Nyabisindu, während andere zu den verschiedenen Schulen in Kabgayi weitergingen, wo es genug Platz gab, um eine große Anzahl von Personen unterzubringen.

Als die Menschen in Scharen zu unserer Kirche strömten, organisierten wir durch Mitglieder unserer Gemeinde die Versorgung mit Nahrungsmitteln wie Süßkartoffeln, Kohl und Mehl. Es gelang uns sogar Kleidung für die Flüchtlinge zu finden, die ohne Gepäck gekommen waren. Jeden Tag kamen mehr Menschen und schon bald glich unser Gelände mehr einer christlichen Tagung, als einem Lager von Vertriebenen. Nach dem Abendessen versammelten wir uns immer, um den Herrn zu preisen und Gottes Wort zu teilen.

Inzwischen verschlechterte sich die politische Situation im ganzen Land weiter. Schließlich kam der Tag, an dem die Verantwortlichen der Kommunalgemeinde die Menschen auf unserem Gelände zerstreuten, indem sie sagten, dass nur Orte unter ihrer direkten Kontrolle als Lager benutzt werden dürften. Unsere Leute zögerten anfangs zu gehen, denn sie fühlten sich wohler auf unserem Kirchengelände. Aber schließlich mussten sie den Anordnungen der Behörden folgen. Also verteilten sie sich auf Gitarama und Kabgayi – viele wurden später dort niedergemetzelt. Wir fuhren fort, so gut wir konnten, hier und da zu helfen, aber es war schwierig, denn die Anzahl der Flüchtlinge war jetzt so zahlreich und der Druck war viel stärker geworden. Wir halfen aber auf individueller Basis weiter.

Das war die Zeit, als ich begann Menschen in meinem eigenen Haus zu verstecken. Die ersten waren vier Schwestern im Herrn, die noch vor dem Ausbruch der schweren Massaker aus Kigali geflohen waren. Dann traf ich in der Nähe des Stadions von Gitarama, wo Tausende versammelt waren, Regina Majyambere. Die Mörder waren angekommen und wählten Opfer aus, die zum Töten herausgeholt wurden. Als ich Regina in dieser Notlage sah, verwirrt und voller Angst, näherte ich mich ihr und sagte: »Ich sehe, du weißt nicht, was du tun sollst. Warum kommst du nicht einfach und versteckst dich in meinem Haus?« Sie willigte ein und später zeigte sich, dass sie eine Schwester im Herrn war und wir priesen Gott gemeinsam. Zu diesen Leuten kamen später andere hinzu. Viele kamen und gingen, aber acht blieben weiter versteckt, bis die FPR dieses Gebiet einnahm.

Es war keine leichte Arbeit, Flüchtlinge zu beschützen, da sich die Situation die ganze Zeit verschlimmerte. Die Milizen drohten jedem, der dabei ertappt würde, einen »Feind« zu verstecken, sein Haus zu zerstören und ihn und seine Familie zu töten. Es wurde auch zunehmend schwieriger Nahrungsmittel zu bekommen. Wir schafften es nur, weil ich Dinge aus meinem Laden verkaufte und dann kaufte, was wir benötigten. Jeden Tag ging ich los und die Menschen, die sich in meinem Haus verbargen, blieben in ihren Verstecken, die meiste Zeit im Gebet. Manchmal, wenn der Stress und die Gefahr mich bedrückten, nahm ich an der Fürbitte teil, um mehr Kraft zu bekommen. Immer wieder kamen Nachrichten über Menschen, bei denen Flüchtlinge entdeckt wurden, und es war furchtbar. Ich hatte ständig Angst, dass ich eines Tages dran sein würde. Die Mörder kannten mich und wussten nur zu gut, dass mein Haus ein Treffpunkt für Gebet und Bibelstudium war, und sie würden mich kaum ignorieren. So ging ich immer umher, hielt meine Ohren weit offen und war stets darauf gefasst, von Plänen zu einer Hausdurchsuchung zu hören.

Dann eines Tages passierte es. Ich ging die Straße entlang und stieß auf eine Gruppe von Interahamwe. Sie sagten mir, sie würden gerne mit mir nach Hause kommen, um sich routinemäßig in meinem Haus »etwas umzusehen«. Ich geriet innerlich in Panik, aber ich legte äußerlich ein ruhiges Verhalten an den Tag und sagte ihnen, das wäre kein Problem.

»Kommt, lasst uns gehen«, sagte ich zu ihnen. »Ihr könntet mich nicht antreffen, wenn ihr nicht jetzt kommt.« Ich betete sehr in meinem Herzen und bat den Herrn mich zu stärken. Außerdem bat ich ihn immer wieder inständig die Menschen, die in meinem Haus waren, zu verbergen. Ich wusste nicht, wie er es tun würde, aber ich vertraute ihm, dass er etwas tat. Die Gruppe ging ein Stück in Richtung meines Hauses und dann, als wir in Sichtweite des Hauses ankamen, sagte einer von ihnen: »Schau, wir vertrauen dir. Wir wollen keine Zeit verschwenden, um dein Haus zu durchsuchen. Lasst uns woanders hingehen.« Die anderen stimmten zu und sie gingen an meinem Haus vorbei und setzten ihren Weg fort. Lächelnd verabschiedete ich mich von ihnen und betrat, beinahe fliegend, das Haus und pries den Herrn, der ihre Augen blind und ihren bösen Plan zunichte gemacht hatte.

Die Brüder und Schwestern, die sich in meinem Haus versteckten, verbrachten ihre meiste Zeit mit Beten und Fasten. Der Herr offenbarte uns viele Dinge, unter anderem, dass keiner von uns zu Schaden kommen würde und dass die politischen Führer bald entfernt werden würden. Es war eine Zeit des Segens trotz der Schwierigkeiten und Sorgen, die uns von allen Seiten bedrängten.

Meine Familie war eine meiner Hauptsorgen. Sie sahen meine Flüchtlingshilfe als »leichtfertige Dummheit« an und hatten schreckliche Angst vor den Folgen, sollte ich je gefasst werden. Aber ich stand fest im Herrn und betete, dass ihre Herzen angerührt und ihre Augen geöffnet würden, um die Macht des Herrn zu sehen, in den wir unser Vertrauen gesetzt hatten. Und der Herr erwies sich als treu, denn fünf Mitglieder meiner Familie haben in der Zeit seit dem Krieg Buße getan. Ich rechne es den Gebeten zu, die wir während jener Zeit für sie an den Herrn richteten und ich halte es für eine Belohnung vom Herrn.

Das Gebet war unsere Hauptwaffe während jener Zeit, es zog uns näher zum Herrn, als die Lage sich überall um uns herum verschlechterte. Und das Gebet ist heute noch unsere Kraft. Wir flehen weiter zu Gott, unser Land zu heilen, Frieden, Verstehen und echte Versöhnung zu bringen.

11 Im Angesicht meiner Feinde

Von Pastor Daniel Ngayampoze

Am 7. April sah ich Menschen die Straße entlangrennen, Autos rasen, alles war in Aufruhr. Die Menschenjagd hatte begonnen. Die Interahamwe waren den ganzen Weg von Kabuga gekommen, bewaffnet mit Stöcken und Macheten; viele trugen Tarnkleidung und andere bizarre Ausschmückungen. Angst folgte, wo immer sie hingingen.

Mein Herz sagte, bleib zu Hause und verhalte dich ruhig. Am Anfang schaute ich zu, denn die Interahamwe kamen oft an meinem Grundstück vorbei, entweder auf der Suche nach Batutsi oder aber wenn sie die Gefangenen, die sie gemacht hatten wegführten, um sie zu töten. Dann begannen Menschen in großer Zahl in mein Haus zu strömen, Mitglieder meiner Gemeinde ebenso wie Nichtmitglieder. Als Pastor fühlte ich mich verpflichtet mein Bestes zu tun, um so viele ich konnte zu retten, weil ich keinen Grund sah, warum normale Leute, von denen ich wusste, dass sie völlig unschuldig waren, gejagt und getötet werden sollten.

Also versteckte ich eine Gruppe in unserer Kapelle und teilte jeden Abend Grasmatten zum Schlafen für sie aus. In der Zwischenzeit organisierte ich einige Schutzmaßnahmen. Ein junger Mann, Jean Pierre Gahebi, und ich fassten einen Plan. Er würde auf einem Aussichtspunkt sitzen und alle Bewegungen um die Kirche herum beobachten und mich warnen, wenn die Milizen in unsere Richtung kämen. Immer wenn die Mörder in unserem Gebiet waren, eilte ich zur Kirche und warnte die Menschen, die ihrerseits losrannten und sich in den Büschen hier unten im Tal von Rugende versteckten.

Einige andere Personen suchten Zuflucht in meinem Haus, häufig kamen sie in der Nacht an. Tagsüber versteckten sie sich in den Büschen, denn ich vermutete, dass mein Haus unter Überwachung stand. In der Tat wurde mein Haus mehrmals durchsucht – aber der Herr tat Wunder und keiner, der unter meinem Schutz stand, wurde entdeckt. Dann eines Tages passierte das Schlimmste, ich wurde überrascht. Die Milizen trafen ein, als ein Mann mit Namen Jean-Paul Mukubu noch im Haus war. Ich geriet in Panik, aber ich wandte mich wieder an den Herrn und bat um Mut und Einsicht für das, was zu tun sei.

Jean-Paul bat mich ihn durch die Hintertür weglaufen zu lassen, aber das war keine Lösung, denn das ganze Grundstück war umstellt und es gab keinen Weg heraus. Und falls er gefunden werden sollte, bedeutete es den Tod, nicht nur für ihn, sondern auch für meine ganze Familie. Also überzeugte ich ihn davon dazubleiben und wir kamen flüsternd überein auf den Herrn zu warten und ihm zu vertrauen, uns aus den Schwierigkeiten zu befreien.

Ich nahm Jean Paul, legte ihn in mein Bett und deckte ihn mit einer Decke zu, aber in einer so unauffälligen Art und Weise, dass niemand, der vorbeiging, ihn für jemand halten würde, der sich versteckte. Die Milizen durchsuchten mein Grundstück und machten eine Menge Lärm, also ging ich ihnen entgegen. Ich versuchte mein Bestes so natürlich wie möglich zu erscheinen und als sie verlangten, mein Haus zu sehen, willigte ich ruhig ein und ging ihnen voraus, um ihnen jedes Zimmer zu zeigen.

Ich betete innerlich weiter in der Hoffnung, sie würden weggehen ohne in mein Schlafzimmer zu gehen. Aber als wir vor seine Tür kamen, sagte einer von ihnen. »Lass uns in dein Schlafzimmer sehen. Ist irgend jemand dort drin?«

»Oh ja«, sagte ich und öffnete die Tür ganz selbstverständlich, indem ich mein Bestes versuchte um ruhig zu wirken.

»Und wer ist das?«, fragte der Anführer der Gruppe, der auf die stille Gestalt im Bett blickte.

»Oh, das ist mein Sohn. Er war krank und hat jetzt eine Schonzeit und schläft.« Ich ging auf das Bett zu, so als wollte ich seinen Kopf aufdecken und beweisen, dass ich die Wahrheit sprach. »Herr, was ist, wenn sie meine Lüge entdecken?«, betete ich innerlich.

Dann drehte sich der Mann weg und sagte: «Lass ihn ruhen.« Und indem er sich zu der Gruppe wandte, befahl er: »Lasst uns gehen, da ist nichts in diesem Haus.« Also gingen sie zur Tür, enttäuscht von ihrer unfruchtbaren Suche und Zeitverschwendung.

Ich jubelte innerlich und war erstaunt über das wunderbare Eingreifen des Herrn. Aber unsere Sicherheit blieb prekär. »Pastor, wir werden ein anderes Mal kommen«, sagte der Anführer, als sie mein Grundstück verließen. Als Jean-Paul von dieser Drohung hörte, hatte er schreckliche Angst und wir kamen überein, dass er Zuflucht bei einem anderen Mitglied unserer Gemeinde, Samuel Kamuzinzi, suchen sollte.

Es war keine leichte Aufgabe, ihn dorthin zu bekommen. Zum einen gab es eine Straßensperre direkt vor Samuels Haus. Also näherten Jean-Paul und ich uns durchs Gebüsch und als wir in der Nähe des Hauses waren ließ ich Jean-Paul versteckt zurück, während ich hineinging. Ich fand drei junge Männer vor, die sich im Haus ausruhten und fragte sie, warum sie nicht an der Straßensperre wären. »Wir machen die Nachtschicht«, antworteten sie.

»Aber könnte nicht jetzt jemand an der Straßensperre vorbeischlüpfen?«, fragte ich sie.

»Ja, aber es wäre zwecklos. Wenn sie dieser Sperre entkommen würden, würden sie bei der nächsten nicht entkommen«, antworteten sie. Dann verbrachten wir einige Zeit damit, uns über die Situation zu unterhalten, aber sie schöpften keinen Verdacht gegen mich. Dann, als sie endlich gegangen waren, sagte ich Samuel, dass ich Jean-Paul mitgebracht hätte. Ich brauchte ihn nicht lange zu überreden Jean-Paul aufzunehmen, obwohl er wegen der Straßensperre direkt vor seinem Grundstück Angst hatte und vor den häufigen Besuchen der Interahamwe, die sie besetzten.

Inzwischen hatten die Milizen angekündigt zurückzukommen, um mein Haus zu durchsuchen und sie taten es. Diesmal beschützte ich eine Frau mit Namen Immakulata und ihre fünf Kinder und ich wurde diesmal wieder überrascht. Die Mörder hatten zuerst Immakulatas eigenes Haus durchsucht, aber die Familie war ins Gebüsch geflohen. Als sie sah, dass die Milizen ihr Haus verließen und anfingen das umliegende Gelände zu durchsuchen, rannten sie und ihre Kinder weiter zu meinem Haus.

Einige der Mörder waren sicher, sie hätten Leute zu meinem Haus kommen sehen, andere bezweifelten es. Aber schließlich fassten sie den Entschluss sich selbst zu überzeugen und mein Haus wieder zu durchsuchen. Ich ging hinaus, um sie am Eingang meines Grundstücks zu empfangen und begrüßte sie.

»Pastor, bring die Frau heraus, die gerade in dein Haus geflohen ist«, verlangte der Anführer.

»Oh, ich habe sie dort in den Eukalyptuswald hineinrennen sehen. Sie ist nicht in meinem Haus«, log ich ruhig.

»Nein, sie ist hier in deinem Haus. Lasst uns gehen und

es durchsuchen«, befahl er. Also gingen wir alle zum Haus. Ich betete und zitterte innerlich.

Sie traten ein und durchsuchten sehr schnell das Hauptgebäude. Sie fanden niemand. Aber mein Haus hat einen Anbau im Hinterhof und dort hielten sich Immakulata und ihre Kinder versteckt. Obwohl die Mörder mein Haus sehr gut kannten, dachten sie nicht daran, diesen Teil des Grundstücks zu durchsuchen und gingen wieder. Ich begleitete sie zum Eingang, ging zurück und pries Gott für dieses wunderbare Eingreifen.

Der Herr war in dieser ganzen Zeit bei mir und tat Wunder, nicht nur für die Menschen, die sich bei mir versteckten, sondern auch für die, die ich an den Straßensperren zu retten versuchte. Ich erinnere mich an einen Tag, als ich einfach so draußen herumging und in die Nähe einer Straßensperre gekommen war, als ein junger Mann mit Namen Ntiganzwa dort gefasst wurde. Ich kannte diesen jungen Mann aus der Zeit, als ich Pastor der Kirche von Muyumba war, seinem Heimatort. Er war am Tag zuvor nach Gasogi geflohen, aber als er dort ankam, fand er keinen Zufluchtsort, denn viele Menschen wurden an dem Tag dort getötet. Also war er umgekehrt und versuchte auf einem anderen Weg zu entkommen. Die Soldaten, die die Straßensperre besetzten, hatten ihn gesehen und sie riefen ihn zurück.

Er ging zögernd zu ihnen und sie fingen an, ihn in einer bedrohlichen Weise zu befragen. Ich fürchtete sehr um sein Leben und fühlte mich so schrecklich, denn ich wusste, ich konnte nicht viel für ihn tun. Aber ich betete um Mut und schließlich beschloss ich, einzugreifen. Ich schlenderte ganz ruhig zu der Straßensperre hin, so als wollte ich meines Weges gehen und dann sah ich den jungen Mann mit vorgetäuschtem Erstaunen an und grüßte ihn voller Freude und Enthusiasmus.

»Kennst du diese inyenzi (Kakerlake), Pastor?«, fragten die Männer an der Straßensperre.

»Ja, ich kenne ihn sehr gut. Er ist mein Sohn im Herrn, ich bin der, der ihn getauft hat, als ich Pastor in Muyumbu war, wo er herkommt.«

»Er ist ein ibyitso (Komplize) und wir werden ihn töten«, sagten sie ganz selbstverständlich.

»Was hat er euch getan, um den Tod zu verdienen?«, fragte ich.

»Täusch keine Unwissenheit vor, Pastor, du weißt sehr wohl, dass dies die Feinde sind, die zu fangen und töten wir hier sind. Wir werden ihn hier und jetzt töten.«

Ich war innerlich beunruhigt, aber ich betete weiter und nahm all meinen Mut zusammen. Dann sagte ich: »Wenn ihr ihn tötet, tötet mich mit ihm, denn ich kann euch nicht erlauben meinen Sohn in meiner Gegenwart zu töten.«

»Dann müssen wir dich mit ihm töten«, sagte ihr Anführer zu mir.

»Legt los und tötet mich, aber,« und plötzlich wurde ich kühn, »ihr werdet ihn nicht vor meinen Augen töten, solange ich noch Atem in diesem Körper habe.« Die Gruppe war verblüfft und begann sich zu beruhigen. Sie schienen keine Worte zu finden.

Schließlich sagte der Anführer: »Lasst den jungen Mann gehen, er wird ohnehin nicht weit kommen. Es gibt weitere Straßensperren auf dem Weg.« Dann wandte er sich zu mir und sagte: »Pastor, wir wollen nicht, dass du deinen Fluch auf uns legst, geh mit deinem Mann und sein Blut möge auf anderen Händen als unseren sein.« Ich dankte ihnen und ging mit dem jungen Mann weg. Er beschloss seinen Weg weiter zu gehen und ich habe gehört, dass er noch lebt und Soldat geworden ist.

Während die Zeit fortschritt und die Massaker weitergingen, wurde ich zum Verdächtigen Nummer eins für das Verstecken von Menschen. Immer wenn ich an der Straßensperre vorbeikam, zeigten sie auf mich und sagten ziemlich wütend: »Hier ist der Pastor, der die ibyitso (Komplizen) beschützt.« Dann eines Tages beschlossen sie, mein Haus wieder zu durchsuchen. Dieses Mal kamen sie drohend, entschlossen mich loszuwerden. Ihr Anführer sagte mir: »Pastor, du weißt es und wir wissen es auch, dass du die ibyitso (Komplizen) versteckt hast. Wir haben nach den Batutsi-Mitgliedern deiner Kirche gesucht und haben sie nicht gefunden. Du bist derjenige, der sie versteckt hat, nicht wahr? Gib sie uns jetzt heraus oder du wirst an ihrer Stelle sterben«, fügte er drohend hinzu.

»Durchsucht mein Haus und tötet sie, falls sie hier sind«, antwortete ich, ohne zu wissen, was das Ergebnis meiner Antwort sein würde.

»Du versuchst Zeit zu gewinnen, aber wir sind dir auf die Schliche gekommen. Wir werden dich morgen töten. Das haben wir beschlossen.«

Ich wusste nicht wirklich, was ich sagen sollte, aber ich betete weiter in meinem Herzen. »Ich weiß, dass ich an dem einen oder anderen Tag sterben muss, durch eure Hand oder etwas anderes. Ich habe keine Angst vor dem Tod, aber könnt ihr mir die genaue Anschuldigung nennen, für die ich sterben muss?«

Einer der Milizen kam mit seiner Machete drohend auf mich zu. Er drückte die scharfe Klinge gegen meinen Hals und sagte: »Wir sollten dich jetzt töten, aber das ist auf morgen verschoben worden.« Ich las meinen Tod in seinen

Augen und in den Augen von denen, die mich auf der Straße umgaben.

Plötzlich war ein gewaltiger Lärm – eine Art tiefes Grollen – aus dem Tal von Rugende zu hören. Aufgeschreckt sandten die Milizen einen Boten um herauszufinden, was los war. Er eilte zurück mit den Nachrichten, dass die FPR Rugende erreicht hatte, und jeder rannte um sein Leben.

Sofort veränderte sich die ganze Atmosphäre. Die, die mich töten wollten, nahmen in großer Verwirrung ihre Beine in die Hand und flohen um ihr eigenes Leben. An dem Tag verlor ich auch den Kontakt zu den Menschen, denen ich geholfen hatte sich zu verstecken – da sie ebenfalls in Panik gerieten und in alle Richtungen geflüchtet waren. Also brachte ich meine Familie nach Kabuga und wir versteckten uns dort. In der Zwischenzeit töteten die Milizen weiter. Sie griffen Leute, die sie unter den Flüchtigen entdeckten, an, obwohl sie jetzt Mitflüchtige vor dem schnellen Vorrücken der FPR-Soldaten in dem Gebiet waren.

Später erfuhr ich, dass Mukubu gefunden und getötet worden war, und das schmerzte mich sehr. Immakulata lebt noch, aber sie verlor einige ihrer Kinder auf der Flucht.

12 Der Gott der Wunder

Von Pastor Emmanuel Gasana

Hätte der Herr uns nicht geholfen,
als die Feinde uns angriffen,
wäre er nicht für uns eingetreten,
dann hätten sie uns wutentbrannt
bei lebendigem Leib verschlungen.
Psalm 124, 1-3

Es ist für mich immer eine große Freude zu bezeugen, was der Herr für uns hier während der Massaker und des Krieges getan hat. Ich war lange Zeit Pastor in dieser Gemeinde und ich habe immer die Hand des Herrn in meinem Leben gesehen, aber noch viel mehr während der schwierigen Zeiten, als der Tod mich und die Menschen unter meinem Schutz bedrohte.

Seit dem Beginn der ethnischen Trennungen habe ich immer gepredigt, dass es nur zwei Rassen von Menschen gibt: diejenigen, die Gott gehorchen und diejenigen, die Satan gehorchen. Das, was in unserem Land geschah, ist eine Bestätigung dafür gewesen. Seit der Zeit von Kain und Abel haben diese beiden Rassen Seite an Seite existiert und es wird immer so sein, bis zum Ende der Welt.

Die Situation wurde in unserem Gebiet gegen Ende April angespannt, als Menschen aus Ntongwe anfingen zu uns zu strömen. Ihre Häuser waren niedergebrannt worden und die Tötungen hatten begonnen. Am 22. April suchten viele hier in unserer Kirche Zuflucht. Wir organisierten ein »Willkommen«, damit sie sich zu Hause fühlen sollten, und wir trösteten sie. Wir hatten eine gute Zeit mit ihnen, teilten das Wort Gottes und stärkten uns gegenseitig in unserem Glauben, so dass wir in der Lage sein würden den Bedrohungen um uns herum zu begegnen. Spät an jenem Nachmittag wurden sie für die Nacht in zwei Gruppen geteilt: eine Gruppe wurde in einem der Klassenräume untergebracht, während die andere im Kirchengebäude blieb. Wenige Stunden später kam eine weitere Gruppe von Flüchtlingen an, also brachten wir sie in einem anderen Klassenzimmer unter.

Noch später an demselben Abend kamen die Interahamwe-Milizen und verlangten, dass ich alle zum Abschlachten ausliefern sollte.

Ich fragte sie, warum diese unschuldigen Menschen getötet werden müssten. Sie sagten, sie hätten strikte Befehle von den Vorgesetzten alle Batutsi zu töten. Ich sagte ihnen, es gäbe keine Batutsi in meiner Kirche, sondern nur »Kinder Gottes«, und ich fuhr fort ihnen meine Theorie von den zwei Rassen zu erklären, von denen, die Gott gehorchten und denen, die dem Satan dienten.

Sie wurden äußerst wütend auf mich, aber ich behauptete meinen Standpunkt. Ich sagte ihnen, sie würden mich töten müssen, bevor sie die Menschen töten könnten, die der Herr mir zum Schutz anvertraut hatte. Schließlich gingen sie, aber mit der Drohung, dass sie bald zurückkommen würden. Wir verbrachten Stunden in intensivem Gebet, flehten zum Herrn und widerstanden dem Teufel.

Dann, gegen 2.30 Uhr, traf ein größeres Kontingent der Interahamwe zu Fuß ein, begleitet von zwei Minibussen und einem Daihatsu Pick-up voller bewaffneter Leute. Sie hielten am Spielplatz vor der Kirche und sangen ihr Kriegslied »Bene Sebahinzi«. Sie schwangen drohend die Gewehre, Granaten, Äxte, mit Nägeln bestückte Stöcke und die anderen Waffen, die sie für ihr grausames Geschäft benutzten.

Ich beriet mich hastig mit meiner Frau und einem Mitglied meiner Kirche und wir entwickelten eine Strategie, um die Flüchtlinge zu retten. Ich ließ meine Frau mit den Schlüsseln von den Klassenräumen zurück, wo sich die Menschen versteckten. Sie rannte los, um diese zu öffnen und schickte die Flüchtlinge schnell hinaus, um sich in den umliegenden Sorghamfeldern zu verstecken, ehe die Angreifer merken würden was geschah.

Die Interahamwe sangen immer noch auf dem Spielplatz und machten eine Menge Lärm. Ich ging hinaus, um sie zu treffen und ihre Aufmerksamkeit abzulenken, während die Flüchtlinge aus den Klassenzimmern diskret in den dunklen Feldern verschwanden. Meine Hauptsorge galt nun den Menschen im Kirchengebäude. Aber da wir es zugemacht und abgeschlossen hatten und sie sich ruhig verhielten, vermutete niemand ihre Anwesenheit. Inzwischen waren der Lärm und die Anspannung so stark angewachsen, dass ich bezweifelte zu überleben.

»Wo sind die Leute, die du versteckt hast?«, riefen sie überheblich. »Wo sind die ibyitso (Komplizen), die hier Zuflucht gesucht haben? Gib sie uns oder wir werden dich töten.« Fragen, Drohungen, Befehle stürzten von allen Seiten auf mich ein.

Die ganze Zeit über war ich gefasst und ruhig und betete in meinem Herzen und bat den Herrn ihre Aufmerksamkeit von dem Kirchengebäude abzulenken, weil es der einzige Ort war, an dem sich noch Menschen versteckten, und sie leicht gefunden werden konnten. Dann fingen die Interahamwe an mich zu bedrohen und stießen mich auf mein

Haus zu. »Du musst auch ein Mututsi sein, sogar dein Aussehen zeigt es.«

Ich sagte ihnen, ich sei keiner und bat sie meine Identitätskarte zu kontrollieren. »Wir trauen deiner Identitätskarte nicht, du hast sie vermutlich gefälscht. Dein Aussehen verrät dich, du bist ein Mututsi. Lasst uns gehen und zuerst dein Haus kontrollieren und nachsehen, ob du dort drin nicht Leute versteckt hast.« Also machten wir uns alle zum Haus auf und sie vergaßen völlig das Kirchengebäude.

Sie durchsuchten alle Winkel im Haus und glücklicherweise hatte niemand dort Zuflucht genommen. In ihrer Enttäuschung sagten sie: »Wir wissen, dass du Leute versteckt hast. Gib uns Geld, um dich freizukaufen oder du wirst getötet.« Ich gab ihnen Geld und sie griffen sich auch alle wertvollen Sachen, die sie im Haus finden konnten. Sie nahmen sie und gingen unter großem Lärm mit Drohungen und Beschimpfungen. »Wir werden zurückkommen«, drohten sie.

Auf ihrem Weg nach draußen nahmen sie sich nicht einmal Zeit, die verschiedenen Gebäude zu kontrollieren. Der Herr hatte ein Wunder getan und ich jubelte innerlich, weil unsere Gebete Frucht getragen hatten. Leider hatten sie, wie ich später erfuhr, eine Gruppe von Flüchtlingen an einer Straßensperre gefasst und in ihre Fahrzeuge gezerrt. Nur zwei junge Mädchen wurden freigelassen, während die anderem zum Töten mitgenommen wurden. Ich weiß nicht an welchen Ort.

Von diesem Tag an lebten wir von Wunder zu Wunder. Jeder Tag kam mit neuen Drohungen und Angriffen, aber der Herr stand uns zur Seite und keiner von all den Menschen, die wir versteckt hatten, wurde getötet. Jeden Tag kamen die Mörder, aber auf die eine oder andere Weise wurden wir vor ihrer Ankunft gewarnt und den Flüchtlingen in unserer Kirche und in unserem Haus gelang es immer sich zu verstecken.

Das ging die ganze Zeit so weiter, bis die FPR-Soldaten ankamen.

Kein Ortsansässiger aus unserem Gebiet hat sich an dem Töten, Plündern oder Abschlachten von Vieh beteiligt. Die Interahamwe, die dieses Gebiet verwüsteten, kamen aus anderen Orten. So sehen wir uns heute nicht dem Problem des Misstrauens, der Anschuldigungen und Verhaftungen gegenüber, wie man es an anderen Orten vorfindet. Bahutu und Batutsi sind in ihre Häuser zurückgekehrt und leben friedlich zusammen, wie zuvor.

13 Gute Hirten

Von Pastor Fabien Nzabagurira

Der Krieg und die Tötungen kamen für uns nicht wirklich überraschend. Mehr als einmal waren wir durch Prophezeiungen gewarnt worden, dass Blutvergießen über das Land kommen würde und dass einige von uns bereit sein müssten »nach Hause zu gehen«.

Als das Flugzeug des Präsidenten abstürzte, hatte unsere Gemeinde gerade Gebets- und Fasteneinkehrtage beendet. Der Herr hatte uns während dieser Einkehrtage wiederholt offenbart, dass schwere Zeiten bereits nahe gekommen waren und dass viele von uns sich jetzt an der Schwelle des Himmels befanden, unter ihnen mein Hilfspfarrer, Thomas Murekezi. Kaum war der Flugzeugabsturz bekannt gegeben worden, als das Töten und Plündern begann. Die Geschäftsleute und die Staatsbeamten waren die ersten Ziele und am Anfang dachten wir dieser spezielle Ausbruch würde nur ein kurzlebiger Zwischenfall sein, der sich nur gegen die richtete, die reich waren.

Wir versammelten uns als Hutupastoren, die, wegen ihrer ethnischen Zugehörigkeit, sich nicht von den Mördern ins Visier genommen fühlten. Wir beschlossen den Chef der Kommune Kirambo, Mathias Mayira, aufzusuchen. Wir sagten ihm, dass Pläne im Gang seien, Menschen zu töten und dass er sein Bestes versuchen sollte, um die Bevölkerung zu schützen und zu verhindern, dass sich das Blutbad in seiner Kommune ausbreitete.

Wir erhielten das Versprechen, dass Untersuchungen gemacht werden würden, um die Quelle der Unsicherheit und Schwierigkeiten herauszufinden. Gerüchte verbreiteten sich, dass Listen von Hutus existierten, die die Batutsis töten wollten, dass alle Batutsi Feinde der Nation wären und Komplizen der FPR und darum getötet werden sollten, um ihren Plan zu vereiteln. Wir sahen dies alles als unbegründete Gerüchte an, da kein derartiger Plan irgendjemandem bekannt geworden war.

Als die Massaker zunahmen beschlossen wir christlichen Pastoren, uns zu organisieren, um unseren Tutsi-Brüdern und -Schwestern zu helfen, ebenso wie jedem anderen, der zu uns kam. Wir halfen Flüchtlingen neue Verstecke zu finden, wenn ihre Aufenthaltsorte vermutet wurden. Einige kamen direkt zu unseren Häusern. Mein Haus wurde zu einem Transit-Ort und bis zu 15 Personen waren ständig dort versteckt. Wir steckten sie in Schränke und sogar über die Zimmerdecke, bis wir ihnen helfen konnten bei Nacht zur Insel Idjwi zu entkommen. Viele kamen von weit her aus Korwe und Gatare – mehr als vier Stunden Fußweg entfernt.

Wir organisierten auch »Rettungseinheiten« aus vertrauenswürdigen Christen (es gab auch einige in unserer Gemeinde, denen wir nicht trauen konnten) und sie hielten ständig Verbindung mit anderen Christen überall, hauptsächlich mit solchen, von denen wir wussten, dass sie Menschen versteckten. Die meisten Unternehmungen, sei es Menschen zu uns zu bringen oder ihnen nach Idjwi herüberzuhelfen, wurden nachts durchgeführt. Wir fürchteten Vergeltungsmaßnahmen, falls unser »Verrat« entdeckt werden würde. Die Drohung war ausgesprochen worden, dass jeder, der dabei gefunden wurde, eine Tutsi-Person zu verstecken oder ihr zur Flucht zu verhelfen, ein Feind wäre und mit seiner ganzen Familie getötet werden würde.

Das war ein sehr großes Abschreckungsmittel für guten

Willen, denn viele Menschen hatten Angst vor dem Sterben. Aber wir machten weiter und die meisten Menschen, denen wir halfen, überlebten. Mein jüngerer Bruder besaß ein eigenes Boot und er setzte viele Menschen nach Idjwi über. Wenn er nicht zur Verfügung stand, zahlten wir 8 000 Francs pro Person und andere Bootsleute ruderten sie hinüber.

Auf uns wurde auch Druck ausgeübt, bei den Nachtwachen und Patrouillen mitzumachen. Als ich sah, dass der einzige Zweck darin bestand Leute aufzuspüren und zu töten, bat ich um Erlaubnis, aufgrund meiner pastoralen Verpflichtungen, nicht zu gehen. Das einzige Mal, an dem ich ging, war, als wir einem Mädchen mit Namen Christine Mukarugomwa und einem jungen Mann mit Namen John Baziga helfen wollten zu entkommen. Wir verkleideten Christine als Jungen, setzten ihr einen Hut auf und gingen zu dritt zur Nachtpatrouille los. Wir passierten die Straßensperren und gingen weiter Richtung See. Jeder dachte, wir wären auf Patrouille, während wir unsere Flüchtigen zum Übersetzen nach Idjwi brachten.

Von allen Zeiten meines Lebens war dies die furchtbarste. Viele meiner Gemeindeglieder waren getötet worden und häufig musste ich auf der Straße über ihre Leichname steigen. Ich erhielt regelmäßig Berichte über diejenigen, die in Verstecken entdeckt und dann getötet worden waren. Andere Male fanden wir, dass sie entdeckt und getötet worden waren, wenn wir unseren Freunden im Versteck Lebensmittel brachten.

Eine kleine Hauskirche mit 150 Mitgliedern wurde angegriffen und 110 von ihnen wurden getötet. An einem anderen Ort wurden 34 Christen zusammen getötet. Wir fanden ihre Bibeln und ihre Musikinstrumente verstreut zwischen den Leichen. Wir begruben sie und gingen nach Hause. Ich verbrachte Tage ohne zu essen, denn nichts konnte mich über den Verlust dieser Geschwister trösten. Wir hatten die Verheißungen und die Warnungen empfangen; ich wusste meine Brüder und Schwestern waren gegangen, um beim Herrn zu sein, aber das war nicht genug, um mich über den Verlust ihrer Gemeinschaft hier auf der Erde hinwegzutrösten.

Aber wie die Bibel sagt, die mit Tränen säen, werden mit Freuden ernten. Während des Krieges versteckten wir die Menschen unterschiedslos – solche, die Mitglieder unserer Kirche waren ebenso wie solche von anderen Kirchen. Wie konnten wir nach der Konfessionszugehörigkeit fragen, wenn jemand um Zuflucht oder Hilfe bat? Und das hatte gute Beziehungen zu den Menschen, denen wir halfen, zur Folge. Eines Tages, als ich in der Nähe eines Militärpostens vorbeikam, fragten mich die Soldaten nach meinem Namen und ich nannte ihn. Da sagten sie: »Bist du der Pastor, der John Baziga, einem unserer Kollegen, während des Völkermordes geholfen hat zu entkommen? Er hat dich uns als einen großartigen Mann empfohlen.«

»Ja«, sagte ich, »er ist wie mein Sohn.« Es war eine große Ermutigung zu hören, dass dieser junge Mann sich immer noch an die Hilfe erinnerte, die wir ihm gegeben hatten – so weit, dass er uns seinen Kumpeln empfohlen hatte. Diejenigen, denen wir geholfen haben, sehen uns als Freunde, sogar als Eltern an und einige kommen uns oft besuchen und bleiben über Nacht in unserem Haus. Anderen, die überlebt haben, wird jetzt geholfen ihre Häuser wieder aufzubauen, und dieses Zeugnis und das vorige zieht viele an, in die Gemeinde zu kommen.

Einige andere haben sogar beschlossen sich unserer Kirche anzuschließen. Sie sagen, dass das, was sie beeindruckte, die Liebe war, die wir unterschiedslos denen zeigten, die in den schwierigen Zeiten zu uns kamen. Denn sogar nach dem Krieg gingen einige Leute und plünderten die Häuser von Flüchtlingen, die noch in den Lagern waren oder von denen, die niedergemetzelt worden waren. Aber wir predigten gegen diesen Diebstahl. Viele taten Buße über ihr Plündern und beschlossen die Dinge sicher aufzubewahren, um sie den Besitzern zu übergeben, wenn sie aus den Lagern zurückkamen. Wir sind sicher, dies wird ein weiteres gutes Zeugnis sein.

Einige Leute sagen, dass Kirchenleiter ihre Schafe nicht beschützten und wegrannten, als sie die Wölfe kommen sahen. Wir Pastoren werden durch solche Kommentare entmutigt, da wir mit unseren Leuten gelitten haben. Aber abschätzige Kommentare entmutigen mich nicht lange, denn der Herr weiß, was wir getan haben. Ungerechtfertigte Angriffe zu ertragen ist sowieso ein Teil von dem, was sich ein christlicher Pastor gefallen lassen muss, solange er der Aufgabe treu ist, die Gott ihm gegeben hat. Und es ist leider wahr, dass es einige Kirchenleiter gab, die ihre Herde im Stich gelassen und sogar verraten haben. Der Fehler besteht darin, pauschale Verallgemeinerungen zu machen.

Es gab viele, die bei ihren Gemeinden blieben, sogar unter Gefahr für ihr eigenes Leben. Zum Beispiel wurde einer unserer Pastoren, Tharcisse Kajyabwami, für das Verstecken von Menschen fast getötet. Obwohl die Mörder ihn schließlich überwältigten, die Türen einbrachen und die Menschen drinnen töteten, versuchte er sein Bestes sich ihnen entgegenzustellen. Einigen Flüchtlingen, die er an einem anderen Ort versteckt hatte, gelang es zu entkommen. Und er war nicht der einzige mutige Pastor im ganzen Land. Viele brachten solche Opfer.

Wenn ich meinem Land in dieser Zeit eine Botschaft geben könnte, würde sie in drei Teile geteilt sein, denn es gibt drei Kategorien von Menschen in Ruanda und jede Kategorie bekäme ihre eigene Botschaft.

Erstens, die Mörder. Ich würde ihnen raten Buße zu tun, um durch das Blut Jesu reingewaschen zu werden. Sogar wenn sie durch Gerichtsverhandlungen und Verurteilung gehen müssen, würde das nur ihren Körper betreffen, aber sie würden ihre Seelen retten. Alles, was sie taten, geschah aus Unwissenheit, denn wie Mose von Israel sagte: »Sie sind ein Volk ohne Einsicht und Verstand. Wenn sie nur ein bisschen weise wären, dann würden sie bedenken, dass dies ein schlimmes Ende nimmt« (5. Mose 32, 28-29).

Zweitens, die Überlebenden des Völkermordes. Meine Botschaft für sie ist, sich nicht zu rächen. »Räche dich nicht und sei nicht nachtragend! Liebe deinen Mitmenschen wie dich selbst!« (3. Mose 19, 18). Es ist die Sache des Herrn zu vergelten und unsere zu vergeben. Dies ist offensichtlich eine sehr schwere Botschaft für jemand, der erlebt hat, dass seine ganze Familie niedergemetzelt wurde, aber die Tatsache bewahrt worden zu sein ist genug Ansporn, um jeden dahin zu bringen, dem Herrn mehr zu gehorchen. Wenn wir nicht über den Hass Buße tun, werden wir dieselben Sünden begehen und Gottes Zorn wird auf uns sein. »Wer seinen Bruder hasst ist ein Mörder«, erinnert uns die Bibel.

Christen sollten wahre Kinder Gottes sein und über ethnische Trennungen erhaben leben. Gott schuf uns nach seinem Bilde trotz irgendwelcher Unterschiede, die wir aufweisen mögen. Ich habe vier eigene Kinder und ein fünftes habe ich adoptiert. Sie sehen nicht gleich aus und benehmen sich auch nicht gleich, aber sie sind alle meine Kinder. Und wir als Leiter, als Hirten von Gottes Herde, wir müssen den

Menschen nahe sein, die gelitten haben, die ihre Angehörigen verloren haben und ihnen Liebe zeigen. Lasst uns hingehen und ihre neue Familie sein.

Meine letzte Botschaft würde für die Führer des Landes sein. Macht ist von Gott zum Wohl der Menschen gegeben. Das sollte von denen auf allen Ebenen der Macht gut verstanden werden und falls sie, in der Art und Weise wie sie Menschen behandeln, nicht auf gerechten Wegen wandeln, wird Gott ihnen kein langes Bleiben gewähren. Gott passt auf die Führer auf und wiegt sie ständig und verwirft die, die »zu leicht« gefunden werden. Unsere Führer sollen aufpassen.

14 Die Nachwirkungen der Tragödie

Reflektionen in der Trauerwoche
(1. – 7. April 1996)

Sonntag, 31. März

Ich fuhr spät nach Hause und Jean-Pierre, mein Adoptivsohn, kam, um mir die Tore zu öffnen. Er hielt auf Abstand, als ich ihn begrüßte, denn er hatte Angst, dass ich ihn ausschimpfen würde. Er hatte Kinder im »Zentrum für unbegleitete Kinder« besucht, mit denen er früher zusammengelebt hatte. Er war auch über Nacht dort geblieben, und er tat dies alles, ohne um unsere Erlaubnis gefragt zu haben.

Meine Frau hatte sich schon Sorgen gemacht bevor er gegangen war, denn er hatte schon zwei Tage lang deprimiert ausgesehen und nichts zum Abendbrot gegessen. Dann hatte er um Erlaubnis gefragt, gehen zu dürfen, um seine Freunde zu sehen, aber bei der Hausangestellten, nicht bei uns! Jetzt war ich beunruhigt und ich wusste nicht, wie ich mit ihm sprechen sollte ohne ihn abzuschrecken.

Als ich meinen Wagen in der Garage geparkt hatte, legte ich meinen Arm um seine Schultern und fragte, »Jean-Pierre, wo bist du gewesen?«

»Ich bin zum Zentrum gegangen, um die Kinder dort zu besuchen. Wir hatten uns viele Geschichten zu erzählen und ich blieb über Nacht«, antwortete er.

»Und wer hat dir dafür die Erlaubnis gegeben?«

»Ich habe Verdiane gesagt, dass ich gehe«, antwortete er. Unser Hausmädchen! Er wusste, dass es nicht die richtige Vorgehensweise war, aber ich wollte ihm nicht noch mehr Schuld auflegen. Ich wollte herausfinden, was im Herzen dieses 13-Jährigen verkehrt lief.

»Jean-Pierre, dir ging es in den letzten Tagen nicht gut, ist irgendetwas nicht in Ordnung?«

»Nichts«, sagte er.

»Nein, Jean-Pierre, sag mir die Wahrheit. Du hast am Donnerstag und am Freitag dein Abendbrot nicht gegessen und dann bist du am Samstag weggegangen, ohne um Erlaubnis zu fragen, wie du es sonst tust. Was quält dich?« Er blieb eine kurze Zeit still, dann lehnte er sich mit dem Rücken an die Wand und fing an zu weinen. Zwischen seinen Schluchzern bat er um Verzeihung.

»Ich möchte mich entschuldigen, ich habe mich die ganze Woche nicht wohl gefühlt, weil ich immer an die kommende Trauerwoche denken musste. Ich erinnerte mich an meine ganze Familie, meine Eltern, Brüder und Schwestern, wie sie alle getötet wurden und wie ich überlebte, monatelang in dem Loch versteckt, bevor ich von den FPR-Soldaten aufgegriffen wurde. Ich wollte nicht in die Nähe von irgendjemandem gehen und ich wollte allein sein. Ich bin weggegangen, um mich den Kindern im Zentrum anzuschließen, weil wir dieselbe Geschichte miteinander teilen.«

Die ganze Traurigkeit dieses jungen Herzens überkam mich mit so einer Macht, dass ich meine Tränen nicht zurückhalten konnte. Ich legte meine Arme um seinen schmächtigen Körper und betete für ihn. Ich hatte keine Worte des Trostes, denn in solchen Augenblicken sind Worte nutzlos. Ich bat den Herrn ihn zu trösten und sein Herz, seine Seele und seinen Körper zu heilen und uns die Gnade zu geben ihm gute Eltern zu sein.

Als sein Schluchzen aufhörte, wischten wir uns beide über unsere Gesichter und gingen schweigend ins Haus. Ich saß in einem Sessel, starrte an die Zimmerdecke und grübelte über den Schmerz in den Herzen von etwa 400 000 verwaisten Kindern in diesem Land nach. »Wie, o Herr, können wir die Herzen dieser Kinder heilen? Wie können wir ihnen helfen zu normalen Staatsbürgern heranzuwachsen, integriert, geliebt und liebend?« Dann stand ich auf und schaltete das Radio ein, um die Nachrichten zu hören – und um zu versuchen die Qual zu vergessen, mit einem Problem konfrontiert zu sein, das Menschen nicht lösen können.

Montag, 1. April

Als ich zur Arbeit fuhr, stoppte mich eine alte Frau, die am Straßenrand stand und bat um eine Mitfahrgelegenheit. Zwei Männer standen neben ihr, vermutlich warteten sie auch darauf mitgenommen zu werden. Ich hielt an und öffnete der alten Frau die Tür. Die Männer rührten sich nicht. Ich machte Anstalten auf sie zu warten und war drauf und dran sie zu fragen, ob sie nicht auch mitkommen wollten, aber sie schienen nicht interessiert. Ich fuhr los und bemerkte über diese Tatsache zu der alten Frau: »Ich frage mich, warum diese Männer nicht mit uns gekommen sind. Sie warten mit ziemlicher Sicherheit auch auf eine Mitfahrgelegenheit.«

»Haben Sie nicht gesehen, wie sie aussehen?«, erwiderte die alte Frau ziemlich heftig. »Es müssen Interahamwe sein«.

»Woher wissen Sie das?«, fragte ich sie überrascht.

»Indem ich ihre Gesichter ansehe; sie sehen beide aus wie Interahamwe«, fuhr sie fort.

»Haben Interahamwe ein besonderes Aussehen?«, fragte ich, nur um ihre Gedanken zu erfahren. Sie drehte sich um, sah mich sehr genau an und sagte: »Wollen Sie mir etwa sagen, Sie können sie nicht erkennen?«

»Nein, tut mir leid, ich kann es nicht!« Dann fing ich an sie darüber zu belehren, die Menschen nicht nach ihrem äußeren Erscheinungsbild zu beurteilen. Sie blieb eine Weile still, aber ich konnte sehen, dass sie nicht überzeugt war.

Dann sagte sie: »Ich denke, Sie haben Recht. Aber wissen Sie, dies ist die Trauerwoche und die Erinnerung an meine Kinder, die getötet worden sind, macht mich depressiv und zornig. Sehen Sie, ich bin eine alte Frau. Ich hatte erwachsene Kinder, die mich versorgt haben. Ich besaß Häuser. Mir ging es sehr gut. Aber sehen Sie mich jetzt an. Ich muss hart arbeiten, um zu überleben und für meine vielen verwaisten Enkelkinder zu sorgen. Ich habe nicht genug Kraft. Vergeben Sie mir diese Worte, ich bin einfach wütend.«

Ich fühlte Tränen in meinen Augen aufsteigen, aber da ich in der Öffentlichkeit nicht weinen sollte (erwachsene ruandische Männer sollten es nicht tun), so entschuldigte ich mich nur und drückte ihr meine Sympathie und mein Mitgefühl aus. Inzwischen waren wir an ihrem Ziel angekommen und wir verabschiedeten uns. Als ich weiterfuhr, dachte ich immer noch über ihre Worte nach und ich konnte sie den ganzen Tag nicht aus meinem Kopf bekommen. »Wie will so eine alte Frau, ohne Kraft, mit den vielen Waisenkindern, die sie betreut, fertig werden? Was kann für sie getan werden? Wie werden ihre seelischen und physischen Bedürfnisse versorgt werden?«

»Der Hase wird im Alter von seinen Kindern gefüttert«, sagt ein ruandisches Sprichwort, aber die meisten »alten Hasen« müssen zurückkehren und sich selbst ernähren – und eine Vielzahl verwaister Kinder. Es ist heute keine Seltenheit, dass eine alte Frau für zwanzig Waisen sorgt oder eine junge Waise für zehn oder mehr andere Waisen. Das sind Fälle, mit denen wir uns jeden Tag konfrontiert sehen.

Mittwoch, 3. April

Wir schlossen das Büro und begingen in der nahe gelegenen anglikanischen Kirche einen Tag des Fastens und Betens für die Nation und die Kirche. Das ist Teil einer stadtweiten Gebetskette, die den ganzen April über andauern wird.

Der April ist der Trauermonat der Nation, eine Zeit, um an den Anfang des Völkermordes zu denken. Aber wir von *African Enterprise Ruanda* haben beschlossen alle Kirchen in der Stadt dazu aufzurufen, daraus einen Monat des Fastens und Betens für die Heilung der Nation zu machen. Unsere Vision ist es Zeit im Gebet zu verbringen, Buße zu tun für die Sünden unserer Vorfahren, unserer Väter und unserer Generation und den Herrn um Gnade anzuflehen, bis er Ruanda aufrichtet »und bis er es zum Lobpreis macht auf Erden« (Jesaja 62, 7). Wir bekannten und taten Buße über die Sünden von ethnischer Selbstsucht, Hass und Bitterkeit, die wir von unseren Vätern geerbt hatten. Wir bekannten das Versagen der Kirche in Ruanda, fingen mit dem Anfang an, bis hin zu unseren Tagen. Wir baten für unsere religiösen und politischen Führer, wir beteten für Heilung, Wiederherstellung und Versöhnung.

Der Tag war für viele ein großer Segen und eine wertvolle Verheißung für die Heilung und Wiederherstellung der Nation sowie für eine Erweckung, viel größer als die in den 30er Jahren. Aber unter der Bedingung, dass wir Buße taten und uns zum Herrn wendeten.

Samstag, 6. April

Früh am Morgen ging ich mit meiner Schwester, ihrem Mann, meinem jüngeren Bruder und zwei Nichten los, um die Knochen von unserem Cousin James einzusammeln, der während des Völkermordes getötet worden war. Wir mussten die Überreste zu unserem Heimatdorf bringen, zur Bestattung zusammen mit anderen Mitgliedern der Familie, die getötet worden waren.

Im ganzen Land ist das für die Familien der Opfer die Hauptbeschäftigung am Wochenende. Die meisten Menschen, die getötet worden waren, waren in Latrinen oder flache Gräben oder einfach ins Gebüsch geworfen worden. Die Vorgehensweise ist, die Knochen einzusammeln und sie ordentlich zu beerdigen.

Kabera, einer unserer Cousins, war früh am Morgen an dem Platz gewesen und hatte die Knochen in einer Decke gesammelt. Er wartete auf uns am Straßenrand und hatte ein kleines Bündel neben sich. Nach den üblichen Begrüßungen ging er zurück, hob das Bündel hoch und legte es in den Sarg, den wir im Wagen hatten.

»Ist dieses kleine Bündel alles?«, fragte ich ihn.

»Ja«, sagte er. »Er war in einen sehr flachen Graben geworfen worden und der ganze Körper war völlig verwest. Aber ich habe alle Knochen eingesammelt.« Ein Gefühl der Schwere senkte sich auf mein Herz und ich blickte zur Seite, um die Tränen zu verbergen, die in meinen Augen brannten.

»Wie unbedeutend menschliches Leben sein kann«, sagte meine Schwester, die neben mir saß, leise zu mir. »Wer kann glauben, dass dieses kleine Bündel alles ist, was von James übrig ist?«

James war ein sehr gutaussehender junger Mann und wurde in unserer Familie sehr geliebt. Er war gekommen, als er fünf Jahre alt war, um sich unserer Großmutter anzuschließen, die bei uns lebte, und wir waren zusammen aufgezogen worden. Nach 23 Jahren gemeinsamen Lebens war er mehr ein Bruder als ein Cousin. Er verbrachte seine meiste freie Zeit mit uns und er war über Ostern bei mir zu Hause, gerade drei Tage vor dem Völkermord. Wir hatten viel Zeit miteinander verbracht, in der wir über Zukunftspläne sprachen. Er war immer sehr optimistisch. An dieses kleine Bündel in einer Decke als die einzigen Überreste seines starken Körpers zu denken, machte mir das Herz schwer.

Jeder im Wagen war still. Wir fuhren weiter und dann brach meine Schwester die lastende Stille. »Ich frage mich nur, wie Menschen, die den Herrn nicht kennen, mit dem Zorn fertig werden, den man bei so einem Anblick empfindet!« Ich hatte dasselbe gedacht.

Wir erreichten das Dorf und fanden die Menschen damit beschäftigt das Massengrab zu graben, wo sie all die Knochen hineinlegen würden, um sie in einer ordentlichen Weise zu beerdigen. Das Grab war nahe an der Straße und ich fragte einige der Grabenden, warum sie es hier angelegt hätten.

»Damit es jeder sehen und sich erinnern kann. Das darf nicht vergessen werden.« Man konnte die Anspannung in seiner Stimme hören. Alle anderen um ihn herum blieben still und gruben weiter. Es war eine gemischte Gruppe und auch wenn sie gemeinsam an der Aufgabe arbeiteten, war der Groll der anwesenden Batutsi gegenüber den Bahutu in der Gruppe zu spüren.

Ich verließ die Gruppe, um auf das Grundstück neben dem Grab zu gehen, wo all die Überreste von Opfern aus dem ganzen Dorf gesammelt worden waren. Einige waren aus flachen Gräben herausgeholt worden, andere aus Büschen, wo Hunde das Fleisch gefressen und die Knochen verstreut zurückgelassen hatten. Die einzigen Dinge, die noch als Körper erkennbar waren, waren die, die man aus Latrinen ausgegraben hatte, wo sie aufgetürmt gewesen waren.

»Lass uns machen, dass wir hier wegkommen«, keuchte meine Schwester. »Ich kann den Anblick nicht ertragen, den Geruch auch nicht.« Also ließen wir unseren Sarg vorsichtig vom Wagen herunter und fuhren weg, um unsere alte Mutter zu besuchen, die in einiger Entfernung wohnt.

Auf unserem Weg zurück nach Kigali, fuhren wir wieder an der Begräbnisstätte vorbei. Die Beerdigungen waren vorbei. Einige Menschen saßen niedergeschlagen neben dem Grab und teilten den traditionellen Bierkrug. Es waren alles Verwandte von diesen ... »Knochen«. Einer von ihnen war bereits ein wenig betrunken und unsicher auf seinen Beinen. Er stand auf und begann zu reden. »Ich mag dieses Geschäft der Beerdigung von Knochen nicht. Es macht mich so wütend und mir ist danach jemanden umzubringen. Aber Gesetz ist Gesetz und wir müssen dem Kaiser geben, was des Kaisers ist.«

»Das Gesetz Knochen zu begraben – oder nicht zu töten?«, fragte ich, um ihn in eine weitere Unterhaltung zu verwickeln.

»Gib dem Kaiser was des Kaisers ist, sagte ich. Gesetze nicht zu töten *offensichtlich.*«

Ich blieb still, da ich seine Wut verstehen konnte und ich wollte es nicht weiter treiben. Einige dieser »Knochen« waren alles, was von dem, was einmal seine große Familie gewesen war, übrig blieb. Dann erinnerte ich mich an die Worte, die meine Schwester am Morgen gesagt hatte: »Wie können Menschen ohne die Gnade Gottes mit dieser Wut fertig werden?«

Das ist wahrscheinlich die größte Herausforderung, mit der sich die Regierung seit der Beendigung des Völkermordes konfrontiert sah: diese Wut daran zu hindern in einen neuen Völkermord auszubrechen. Persönliche Rache *hat* stattgefunden, dramatisch und gewalttätig an einigen Orten. Aber unterdrückte Bitterkeit und Wut sind das, was heute meistens übrig ist, da die Regierung drastische Maßnahmen ergriff, um den Fluss einzudämmen, ehe er zu einer Flut wurde.

Dennoch haben selbst heute noch einige Leute Angst vor einem »zweiten Völkermord«, diesmal gegen die Bahutu. Aber die Erfahrung hat gezeigt, dass, wenn die obersten Führer nicht das grüne Licht dazu geben, so eine Sache nicht passieren wird. Ruanda ist immer noch so, wie es war: die Massen verlassen sich auf das Handeln der Führung!

15 Gibt es Hoffnung?

Ich schaue hinauf zu den Bergen -
woher kann ich Hilfe erwarten?
Meine Hilfe kommt vom Herrn,
der Himmel und Erde gemacht hat!
Psalm 121, 1–2

Waisen und Witwen. Flüchtlinge. Häftlinge. Zwei Jahre nach der Tragödie sind mehr als 1 500 000 Menschen im Exil, in Flüchtlingslagern in Zaire, Burundi, Tansania und anderswo.

Sowohl Kriminelle als auch eine große Mehrheit unschuldiger Menschen haben Angst, in ihr Land zurückzukehren, wo die Opfer von gestern die Gewinner von heute sind. Sie haben Angst vor Repressalien und Rache, trotz aller Versprechungen des Schutzes durch die Regierung.

Rund 60 000 Häftlinge sind in Gefängnissen, verdächtigt oder überführt an den Tötungen beteiligt gewesen zu sein. Sie warten auf das Urteil eines Rechtssystems, das durch den Krieg und den Völkermord total zerstört worden ist. Das System muss wiederhergestellt werden, ehe die Verhandlungen überhaupt beginnen können.

Es gibt ein internationales Tribunal, das eine sehr lange Zeit braucht, um Recht zu sprechen. Aber, wer sind die Verantwortlichen? Und wo sind sie jetzt? Im Großen und Ganzen glauben wir, dass die führenden Köpfe hinter dem Völkermord in Sicherheit sind, in Ländern, die sie beschützen und vor Strafverfolgung verbergen.

Inzwischen fordern zornige Überlebende Gerechtigkeit als ihren einzigen Trost über all dem Elend, das sie erduldet haben. Ihre Beschwerden waren häufig mehr als 30 Jahre lang unbeachtet geblieben, lange vor dem Völkermord. Wütende Flüchtlinge drohen durch Morde und Anschläge das Land weiter zu destabilisieren.

Bitterkeit, Hoffnungslosigkeit, Wut, Angst, ein drohender weiterer Krieg, Hoffnung, Versprechungen einer besseren Zukunft ... Ruanda ist ein Schmelztiegel von Gefühlen, der jeden Beobachter verwirrt. Aber es ist der Zustand des Landes, das wir wieder aufzubauen versuchen. Die Menschen fragen oft, ob dieses Land je wieder normal werden wird, und meine Hoffnung und meine Antwort lautet JA! ... mit der Hilfe des Herrn. »Woher wird unsere Hilfe kommen? Von dem Herrn, dem Schöpfer des Himmels und der Erde.«

Die geschilderten Erlebnisse in den Kapiteln dieses Buches waren noch ganz lebendig, als ich 1996 dieses Buch schrieb, aber heute sind sie Geschichte! Meine Hoffnung von damals war nicht vergeblich! Die Infrastruktur ist wiederhergestellt worden und es ist fast unmöglich einige der am stärksten betroffenen Gebiete, die früher an den Krieg und den Völkermord erinnerten, wiederzuerkennen. Fast alle Flüchtlinge sind zurück im Land und bereits wieder in ihren Besitz eingesetzt. Der drohende Krieg verwirklichte sich und betraf den Nordwesten des Landes, aber er dauerte nicht an, wie viele Menschen befürchtet hatten. Die Gerichte haben begonnen die Gefangenen zu verurteilen und trotz der größeren Anzahl von Gefängnisinsassen – jetzt rund 120 000 – wurde eine gute Lösung gefunden und sehr bald wird das Gemeinschaftstribunal Gacaca helfen, die ganze Wahrheit über den Völkermord zu wissen und so auch die Unschuldigen zu entlasten, ebenso wie diejenigen, die geringfügige

Übertretungen begangen haben. Große Gnade – fast biblischen Ausmaßes – herrscht im »Gesetz über den Völkermord«: die Menschen, die Buße tun, bekennen und um Vergebung für die begangenen Verbrechen bitten, erhalten die Mindeststrafe, damit wird geholfen die Belastung der Gefängnisse zu erleichtern. Es besteht große Hoffnung für die Zukunft dieses Landes.

Seelische Wunden heilen

Die physischen Narben der Nation sind auch noch nicht ganz geheilt, aber die inneren Wunden sind noch frisch. Aber selbst dafür besteht noch Hoffnung. Meine Gedanken gehen oft ins Jahr 1983, als ich persönlich Buße tat und mich zum Herrn wandte. Bitterkeit und Wut waren in meiner Seele tief verwurzelt und das waren die Sünden, die am schwierigsten loszuwerden waren. »Zu lange habe ich unter denen gewohnt, die den Frieden hassen« (Psalm 120, 6) und ich war im Hass gegen sie aufgewachsen.

Als ich fünf Jahre alt war, wurde mein Vater am helllichten Tag vor unseren eigenen Augen abgeschlachtet und als tot vor unserem Haus liegengelassen. Er erholte sich danach, aber er wurde noch einmal abgeholt und wir haben ihn nie wieder gesehen. Wir wissen nicht wie, wo und wann oder von wem er getötet wurde. Er wurde vom Bürgermeister unserer Kommune (Verwaltungsbezirk) zusammen mit anderen Batutsi und einigen verdächtigten Bahutu, die angeklagt waren den »Feind« zu unterstützen, abgeholt und uns wurde gesagt, sie wären erschossen worden.

Wir haben seinen Körper nie gesehen, wir konnten ihn nie beerdigen. Das hielt uns als Kinder viele Jahre lang in einem Zustand der Ungewissheit, hoffend, dass es ihm vielleicht gelungen war zu entkommen und dass er eines Tages zurückkommen würde. Der Tod eines Lieben ist sehr schwer zu akzeptieren, wenn du nicht bei ihm gewesen bist oder wenigstens Beweise hast, wie eine Grabstätte, um es zu belegen. Ich wuchs auf, indem ich weiter dachte, mein Vater würde eines Tages zurückkommen. Wenn sie von seinem Tod sprachen, wollten es mein junges Herz und mein Verstand nicht akzeptieren. Heute kann ich viele Menschen verstehen, die ebenso fühlen, weil sie nicht den Beweis für den Tod ihrer Lieben haben.

Als ich endlich den Tod meines Vaters akzeptieren konnte, richtete ich meinen Zorn auf all die Leute, die ich dabei gesehen habe wie sie meinen Vater schlugen und unsere Besitztümer plünderten. Jedes Mal, wenn ich ein Problem hatte, erinnerte ich mich an die Szene des Massakers und gab jenen Leuten die Schuld an meinem Problem. »Wenn sie nur nicht meinen Vater getötet hätten, wäre ich jetzt nicht mit so einem Problem konfrontiert«, war meine vereinfachte Art zu denken.

Ich entwickelte sogar Hass auf ihre Kinder und ich erinnere mich daran, dass ich einen von ihnen, der mit mir auf der Oberschule war, verfolgte. Er war viel jünger und wusste nicht, was sein Vater meinem angetan hatte. Er konnte nicht verstehen, warum ich ihn hasste, und ich machte mir nie die Mühe, es zu erklären.

Dann mussten wir, während der Massaker von 1972/73, eine Serie von erniedrigenden Fluchten durchmachen, schlaflose Nächte in Verstecken verbringen, unsere Zukunft war ungewiss. Ich habe es überlebt, aber es verlängerte meine Liste der zu hassenden Feinde. Der Baum ethnischen Hasses in meinem Herzen trieb Zweige.

Nachdem ich meine Universitätsstudien abgeschlossen hatte, wurde ich Dozent an der Nationalen Universität von Ruanda und ich fing an, von einer erfolgreichen Karriere in der akademischen Arena zu träumen. Ich hatte meine Ambitionen und ich hatte die Route eingeschlagen, um sie zu erreichen. Es war mein Traum, ein bedeutender Universitätsprofessor zu werden und ich las häufig die Biographien von großen Intellektuellen, um von ihnen zu lernen, wie ich meine Vision verwirklichen konnte.

Unerwartet wurde dann meinem Traum ein schwerer Schlag versetzt, als ich 1993, nur ein Jahr nach meiner Berufung, vom Ministerium für höhere Bildung von meinem Posten gefeuert wurde ... auf der Basis des ethnischen Gleichgewichts. Die Autoritäten der Universität ergriffen für mich Partei und verteidigten meine Sache, aber umsonst. Der Befehl von oben lautete, dass ich gehen musste und ich ging. Mit schwerem Herzen, zerstörten Ambitionen und mehr Hass. Eine weitere große Wurzel war gewachsen, um den Baum meiner Bitterkeit zu nähren.

Jenes Jahr kennzeichnete einen Wendepunkt in meinem Leben: Ich bekehrte mich. Ich hatte aus Langeweile angefangen die Bibel zu lesen und je mehr ich las, desto mehr wurde ich im Innern davon überführt, dass mein Verhältnis zu Gott und zu den Menschen nicht in Ordnung war. Es fiel mir leicht über vielen Sünden Buße zu tun, aber meinen Zorn und meine Bitterkeit gegen all die Leute, die mich und meine Familie verletzt hatten, aufzugeben, war extrem schwierig.

Doch ich wurde ständig mit der Botschaft der Vergebung und Liebe für unsere Feinde als Voraussetzung konfrontiert, ein Kind Gottes zu sein. Dann, eines Tages, beschloss ich, den Stier bei den Hörnern zu packen und diese Sache ein für alle Mal zu erledigen. Ich saß in meinem Zimmer, las noch einmal alle entscheidenden Passagen und entschied mich die Bedingungen Gottes zu erfüllen. Ich nahm mir einen Tag Zeit und machte mich daran all den Personen, die ich hasste, zu vergeben und um den Segen des Herrn für sie alle zu beten. Ich machte eine Liste mit allen Namen und allem Schlechten, dass jeder mir oder meiner Familie angetan hatte. Dann fing ich an jedem von ihnen Vergebung zuzusprechen, einem nach dem anderen, und den Segen des Herrn über sie, ihre Kinder, ihre Geschäfte und ihre Verwandten auszurufen.

Es war eine sehr schmerzhafte Übung und ich musste sie wieder und wieder tun. Aber das Ergebnis war enorm. Ich wurde befreit und von innen heraus geheilt und ich fühlte die fesselnde, plötzliche Qual der Bitterkeit, wann immer einer der alten »Feinde« in meiner Gegenwart erwähnt wurde, nicht mehr. Seitdem ist diese Gnade bei mir geblieben und trotz des Schmerzes, den ich über den Verlust von geliebten Angehörigen und lieben Freunden empfinde, kann die Bitterkeit keinen Ankerplatz in meinem Herzen finden. Ich weiß, dass der Herr das, was ich ihn mit mir habe tun sehen, auch für meine Mitbürger tun kann. Das ist der Grund meiner Hoffnung für dieses, mein geliebtes Land.

Als ich 1996 dieses Zeugnis für die englische Ausgabe schrieb, hatten wir von African Evangelistic Enterprise gerade erst unsere Heilungs- und Versöhnungsprogramme begonnen und seitdem haben wir wunderbare Veränderungen gesehen an Menschen, die von ihren inneren Wunden geheilt worden sind und ihren Feinden vergeben haben. Unsere Auszubildenden haben ihre eigenen Programme an der Basis begonnen und die Resonanz auf diese Aktivitäten ist sehr ermutigend. Viele Menschen finden Heilung bei

Gott. Meine Hoffnung war nicht vergeblich, aber wir haben noch einen langen Weg vor uns. Die ganze Nation mit der Botschaft der Heilung und Versöhnung zu erreichen wird eine generationenlange Anstrengung bedeuten, aber sie ist es wert. Ohne Heilung gibt es keine Versöhnung und ohne Versöhnung keine Zukunft für die Nation. Glücklicherweise haben sogar die politischen Führer die Bedeutung dieses Problems für den Prozess des nationalen Wiederaufbaus erkannt und eine dauerhafte *Kommission für nationale Einheit und Versöhnung* eingesetzt, um Versöhnung auf nationaler Ebene zu fördern. Die ersten Leistungen der Kommission sind bereits ermutigend.

Allerdings ist Vergebung für echte Versöhnung nicht genug. Der Eindruck, den ich in der englischen Ausgabe dieses Buches erweckte, war, dass Vergebung die Antwort ist. Ja, sie ist es, aber die Erfahrung hat mir gezeigt, dass es nicht genug ist. Da ist auch die Notwendigkeit der Reue und Buße. Wir Mitarbeiter von *African Evangelistic Enterprise* haben diese Tatsache sehr ernst genommen. Wir konzentrieren uns jetzt auf die Arbeit in den Gefängnissen.

Ich erinnere mich an einen Tag im Zentralgefängnis von Kigali, als wir vier Stunden damit verbrachten, den Geständnissen der Gefangenen zuzuhören, die Gott baten ihnen die Verbrechen, die sie begangen hatten, zu vergeben. Es war als ob wir heimlich ein intimes Gespräch zwischen Menschen und ihrem Gott belauschten. Und an diesem Tag verließ ich das Gefängnis von Kigali mit der festen Überzeugung, dass das Kreuz von Jesus Christus im Zentrum unserer Heilung, Buße und Vergebung sein wird. Und diese sind die Säulen unserer Versöhnung. Wenn der Mörder, der Buße tut, auf den vergebenden Überlebenden trifft, beide im Angesicht des Kreuzes reingewaschen durch das vergebende Blut Jesu, dann wird Versöhnung leicht sein. Und es geschieht bereits ... aber das wird das Thema meines nächsten Buches sein. Ich träume schon davon diese wunderbaren Zeugnisse von Gefangenen zu sammeln, die Buße getan und um Vergebung gebeten haben, und von den Überlebenden, denen es mit der Macht des Kreuzes gelungen ist ihre Bitterkeit zu überwinden und die ihre Feinde in Vergebung und Versöhnung umarmt haben. (Antoine Rutayisire, Oktober 2000)

16 Die Wurzeln des Konflikts

Jeder Versuch, eine Tragödie wie den ruandischen Völkermord zu erklären, ist zu Vereinfachungen verurteilt, da die Motive hinter dem menschlichen Verhalten nicht immer einfach zu ergründen und in scharf umrissene Ursachen zusammenzufassen sind. »Le coeur a des raisons que la raison ne connait pas« (das Herz hat Gründe, die der Verstand nicht kennt) schrieb ein französischer Weiser und meinte damit, dass es nicht immer leicht ist, menschliche Taten mit einfachen vernunftgemäßen Erklärungen zu erklären.

Drei oder eine ethnische Gruppe?

Akademische Debatten sind heute sehr begierig darauf zu wissen, ob Ruanda drei oder nur eine ethnische Gruppe hat. Sind die Bahutu, Batutsi und Batwa eine Gruppe oder drei verschiedene ethnische Gruppen? Nach wissenschaftlichen, anthropologischen Kriterien hat Ruanda weder Stämme noch ethnische Gruppen. Die Bahutu, die Batutsi und die Batwa sprechen alle die gleiche Sprache, sogar ohne einen ethnischen Akzent, haben dieselbe Kultur und leben als Nachbarn überall im Land zusammen.

Bestimmte historische Hypothesen gehen davon aus, dass die Batwa Jäger waren und die ersten, die das Land in Besitz nahmen, die Bahutu kamen angeblich danach und waren Bauern, während die Batutsi Viehzüchter waren und zuletzt kamen. In einem Land, in dem es häufig Hungersnöte gab, überlebten die Besitzer von Kühen besser und das führte später zu einem Feudalsystem mit einem Tutsi-König an der Spitze und der Kuh als Zahlungsmittel für getane Arbeit. Die Wechselbeziehung zwischen dieser ökonomischen Macht der Viehbesitzer und der Erringung der politischen Macht ist ziemlich offensichtlich und es kann keine andere Erklärung für die Vorherrschaft der Batutsi gegeben werden (die den Bahutu zahlenmäßig immer unterlegen waren).

Im Bestreben nach sozialem Aufstieg begannen Bahutu ihre soziale Zugehörigkeit zu ändern und ein Muhutu, dem es gelang eine große Kuhherde zu bekommen, konnte leicht wechseln und ein Nobler werden, indem er sich mit Batutsi verheiratete und mit ihnen Umgang pflegte. Die Geschichte erwähnt sogar einige Batwa, die geehrt wurden und durch Dienste, die sie dem König erwiesen, Mitglieder der Aristokratie wurden. Zu der Zeit als die Europäer kamen, gegen Ende des 19. Jahrhunderts, hattc sich das, was wir als ethnische Gruppen kennen, vielmehr zu sozialen Gruppen entwickelt; die Batutsi waren die Leute mit den »Kühen«, die Bahutu das gemeine Volk ohne soziale Stellung und die Batwa die verachteten Ausgestoßenen des Landes. Der Mututsi-König war der allmächtige Herrscher des Landes. All die anderen, Batutsi, Bahutu und Batwa waren gleichermaßen alle seine Untergebenen und er entschied nach seinem Willen und Gefallen über ihr Leben. Das Endergebnis war eine Aristokratie von »Kuhbesitzern« über den anderen. Aber auch dies ist wieder nur eine sehr vereinfachende Darstellung eines sehr komplexen Themas.

Bei der Ankunft der Europäer waren die beiden Hauptgruppen so vermischt, dass es unmöglich war sie anhand einfacher physischer Merkmale zu unterscheiden. Später entschied sich die belgische Verwaltung für das Statussymbol »Kuh« als Merkmal zur ethnischen Klassifizierung: jeder mit mehr als 10 Kühen wurde als Tutsi klassifiziert, Menschen mit weniger Viehbesitz als Hutu. Die Einführung von Ausweiskarten mit ethnischer Kennzeichnung unterdrückte die soziale Mobilität und es war für einen Muhutu nicht länger möglich seinen Status zu wechseln und ein Tutsi zu werden, wenn er wirtschaftlich dazu in der Lage war. Dann entschieden sich die belgische Verwaltung und die Kirchenführerschaft dafür die Batutsi zum Nachteil der anderen Gruppen bei der Verteilung von Arbeits- und Schulplätzen zu bevorzugen.

Als der König 1957 nach Unabhängigkeit strebte, wurden die Privilegien, welche die Batutsi vor und während der Kolonialherrschaft genossen, als Erklärung benutzt um die Bahutu zu ermutigen sie als Ausbeuter loszuwerden. Historische Berichte aus dieser Periode zeigen, dass das, was als soziale Revolution von 1959 bekannt ist, eher ein Staatsstreich war. Organisiert und unterstützt von der belgischen Herrschaft wurde versucht eine Aristokratie loszuwerden, die ihrem Kolonialherrn, der sie in all den Jahren gefördert und beschützt hatte, nicht länger gehorsam war. Die 1959er Huturevolution beendete die Tutsiherrschaft in einem Blutbad, das sich über einen Zeitraum von fünf Jahren bis 1964 hinzog. Dies schuf ein Heer von Tutsiflüchtlingen in den Nachbarländern mit gelegentlichen Scharmützeln und erfolglosen Versuchen die Macht zurückzuerlangen.

Jeder Angriff von diesen Batutsigruppen aus dem Exil führte immer zu Vergeltungsmaßnahmen an Batutsi, die innerhalb des Landes geblieben waren. So war es in den Jahren 1963 und 1966/67. 1972-73 wurden Batutsi niedergemetzelt, diesmal ohne erkennbaren Grund, denn es gab keinen Angriff von außen auf das Land. Die Batutsi wurden allmählich zu sozialen Sündenböcken, die für jedes Übel, das die

Bahutu in der Vergangenheit und sogar in der Gegenwart erlitten, verantwortlich gemacht wurden. In der Zwischenzeit wurde keine friedliche Lösung für die Wiedereinbürgerung der Tutsiflüchtlinge geplant, trotz regelmäßiger Forderungen.

Das Problem verschlimmerte sich, als sich die Flüchtlinge politisch organisierten. Sie gründeten die FPR (Front Patriotique Rwandais) mit einer gut ausgebildeten und ausgerüsteten Armee und griffen Ruanda 1990 an. Dieser Angriff wurde vom Regime geschickt ausgenützt. Die Batutsi wurden als machtgierige, arrogante Ausbeuter hingestellt. Medienkampagnen wurden organisiert, um die Bahutu zu mobilisieren sich gegen die Mututsi »Feinde« zu verteidigen. So wurde jeder Mututsi unterschiedslos als ein Feind der Bahutu hingestellt. Jeder Muhutu, der sich weigerte die Lüge zu akzeptieren, wurde als ein Komplize des »Feindes« bekämpft und viele verloren ihr Leben, sogar schon in der Zeit vor dem Völkermord. Die Mobilisierung funktionierte so gut, dass es als Selbstverteidigung gerechtfertigt und legitimiert wurde, als unschuldige Menschen niedergemetzelt wurden. Alle Batutsi innerhalb des Landes waren die Zielgruppe für die Eliminierung, alle moderaten Bahutu, die es verweigerten sich daran zu beteiligen, erhielten dieselbe Behandlung. Lassen Sie mich gleich hinzufügen, dass sich nicht alle Bahutu an den Tötungen beteiligten, wie es die Zeugnisse in diesem Buch gezeigt haben; sie waren nur einfach nicht in der Lage dagegen anzukämpfen und die Gewalt zu stoppen, weil sie nicht gut vorbereitet und überhaupt nicht dafür ausgerüstet waren.

Das Land der Tausend Hügel

Ruanda ist ein kleines Land mit einem sehr milden Klima während des ganzen Jahres. Die gute Fruchtbarkeit des Bodens hat zu einer großen Bevölkerungsdichte geführt. Vor dem Völkermord und den Massakern von 1994 wurde die Bevölkerung auf 7 500 000 geschätzt, die ruandischen Flüchtlinge in den Nachbarländern nicht mitgerechnet. In einem Land, in dem 95% der Bevölkerung auf dem Land lebt, existenziell abhängig von der Landwirtschaft, ist es nicht übertrieben von Übervölkerung zu sprechen. Dieses Landproblem und die wachsende Armut waren eine der Ursachen für den Völkermord. Die geringe Größe des Landes wurde von den Regierungen immer benutzt, um sich der Massenwiedereinbürgerung der Flüchtlinge zu widersetzen. »Das Land ist bereits für diejenigen zu klein, die drin sind.« Unglücklicherweise wurde nie eine dauerhafte Lösung für die missliche Lage dieser heimatlosen Exilanten angestrebt, die nach 35 Jahren immer noch als Fremde angesehen wurden und häufig von den Bewohnern jener Länder, in denen sie Zuflucht gesucht hatten, abgelehnt wurden.

Auf der anderen Seite wurde die Notwendigkeit des Landbesitzes ausgenutzt, um die Hutubevölkerung aufzustacheln ihre Tutsinachbarn zu beseitigen, da dies die Möglichkeiten die Parzellen zu vergrößern erleichterte. Die meisten Kriminellen, die die Massaker ausführten, wurden aus der Gruppe armer, arbeitsloser Jugendlicher rekrutiert. Diese jungen Menschen waren leichtgläubig und eine leichte Beute für die Propaganda. Töten war manchmal einfach eine andere Gelegenheit, Dinge zu bekommen, die man lange begehrt hatte, wie Matratzen, Fernseher, Radios, Kühlschränke und andere Luxusartikel.

Wo war die Kirche?

Eines der brisantesten Themen in der Diskussion ist die Frage: »Wie konnte so eine Sache in einem hochchristianisierten Land passieren?« Die Volkszählung von 1991 ergab, dass 89,6% der Bevölkerung Christen waren, 62% gehörten zur römisch-katholischen Kirche und der Rest zu den verschiedenen protestantischen Kirchen. Die römisch-katholische Kirche brüstete sich mit ihrem großen Erfolg und die protestantischen Kirchen waren stolz auf die »Ostafrikanische Erweckung«, deren Ausgangspunkt in Gahini im Ostteil Ruandas war. Alle Missionsgesellschaften – katholische und protestantische gleichermaßen – blickten auf Ruanda mit einem Gefühl des Stolzes und mit einem Hochgefühl über den eigenen Erfolg. Und so verursachte die 1994er Tragödie solch ein starkes Gefühl der Enttäuschung, des Fragens und sogar der Ablehnung. Was war verkehrt gelaufen?

Kirche und Ethnizität in Ruanda

»Das Kreuz kam nach Afrika Hand in Hand mit dem Gewehr«, schrieb ein afrikanischer Schriftsteller. Das kann leicht für Ruanda gelten, wo die ersten Missionare fast zur selben Zeit eintrafen wie die deutschen Kolonialisten, die mit ihnen Hand in Hand arbeiteten.

Als nach dem Ersten Weltkrieg die deutsche Verwaltung durch Beschluss des Völkerbundes 1916 von den Belgiern abgelöst wurde, blieben die französischen, katholischen Missionare zurück, weil sie auf der Seite der Gewinner waren, während die protestantischen Missionare benachteiligt wurden, weil sie von den Deutschen unterstützt wurden.

Schon bald begannen die Missionare große Macht auszuüben. König Musinga wurde 1930 von der belgischen Verwaltung unter Einflussnahme der Missionare abgesetzt. Viele Tutsi-Würdenträger spürten die Macht, die in den Händen der Missionare lag und suchten ihren Vorteil in der Freundschaft mit ihnen. Sie schickten ihre Kinder in die Schulen und Kirchen der Missionare. Die Zeit zwischen 1927 und 1942 war gekennzeichnet von dieser fortschreitenden Eroberung und der Errichtung eines »Christlichen Königreiches im Herzen von Afrika«, die Erfüllung eines langersehnten Traums der Gründer der Missionsgesellschaften.

Die meisten Anführer entschieden sich jedoch nicht für das Christentum durch echte Bekehrung und Überzeugung, sondern aus berechnendem Kalkül: die Missionare hatten die Schulen und ihre Freunde, die Verwalter und hatten die Macht, sogar einen König abzusetzen! Das ließ eine Kultur nominellen Christentums entstehen, in der sich die Menschen eher taufen lassen, weil es Mode ist, als aus echter Überzeugung. Die Hochstimmung in den meisten katholischen Missionsberichten entstammt deshalb nicht der Freude über Bekehrungen, Buße und Gehorsam gegenüber Gottes Geboten, sondern über die »Bekehrung zu europäischer Kultur und Ordnung«.

In vielen Familien liefen der Besuch der Messe und die Weiterführung des Ahnenkults Seite an Seite; der christliche Glaube sprach auf die Bedürfnisse der sozialen Mode an, während die traditionellen Anschauungen weiter die tieferen Ängste nährten und auf sie reagierten.

Während die römisch-katholische Kirche die Verwirklichung ihres »Traums von einem christlichen Königreich im Herzen von Afrika« feierte, erlebte die protestantische Kirche einen Durchbruch, der als die »Ostafrikanische Erweckung« bekannt geworden ist, die auf der anglikanischen Missionsstation von Gahini im Osten des Landes begann. Diese Erweckung mit ihrer starken Betonung einer persönlichen Begegnung mit Gott, Buße, offenem Bekennen von Sünde und der Verpflichtung zu persönlicher Tugendhaftigkeit, brachte einen neuen Aufbruch. Die Flammenträger der Bewegung waren Erweckungsprediger wie der britische Missionar Joe Church, der Ugander Josias Kinuka und der Ruander Paul Gahunde, um nur einige zu nennen. Die Neubekehrten wurden »abaka« genannt (die mit einem brennenden Glauben) im Gegensatz zu den anderen mit einem nominellen, toten, kalten Glauben.

Die Bewegung berührte hauptsächlich einfache Menschen, aber auch einige Noble und sogar hochrangige Anführer wie Ruhorahoza von Bugesera und Mbaraga von Kanage waren unter den neuen »balokole« (den Geretteten). Die Erweckung hatte einigen Einfluss auf die ethnischen Beziehungen, da einige Batutsi-Noble anfingen über ihre aristokratische Arroganz gegenüber anderen Gruppen Buße zu tun. Unglücklicherweise löschten die Revolution von 1959 und das sie begleitende Blutvergießen das Feuer der Erweckung ehe es dauerhaften Einfluss auf die sozialen und ethnischen Beziehungen erreichte.

Auch fassten die protestantischen Kirchen nie Fuß in den höheren Rängen der Verwaltungsautoritäten und bis vor kurzem ist es ihnen auch nicht gelungen so viel Einfluss in politischen Kreisen zu haben wie die römisch-katholische Kirche.

So ist es nicht verwunderlich, dass Ruanda eine Kirche hervorgebracht hat, die uneffektiv war, als es Zeit war mit den ethnischen Problemen fertig zu werden. Die römisch-katholische Kirche war von ihren Anfängen an so verstrickt mit den politischen Mächten, dass alle Veränderungen ihren »Segen« hatten und was immer sie ablehnten war zum Scheitern verdammt. Erzbischof Andre Perraudin war ein besonderer Ratgeber des ersten Präsidenten Gregoire Kayibanda und als Juvenal Habyarimana 1973 die Macht übernahm und alle Würdenträger des vorhergehenden Regimes niedermetzelte, übernahm ein anderer römisch-katholischer Geistlicher, Erzbischof Vincent Nsengiyumva, die Aufgabe des »geistlichen« Mentors des neuen Präsidenten. Er wurde sogar zum Mitglied im Zentralen Komitee der Einheitspartei MRND gewählt, eine Position, die er erst unter erheblichem Druck aus dem Vatikan verlassen sollte.

Während des Völkermordes stützte sich die Kirchenführung weiter auf die Regierungsseite und ihre Armee. Sie schwieg über Hinrichtungen, während sie sich sehr freimütig über die Missetaten der FPR äußerte. Wie jemand in einer Diskussion sagte, »unsere Kirchenführer schwiegen still, als von ihnen erwartet wurde zu reden und sie sprachen, als sie hätten schweigen sollen«. Diese Schwäche der Kirche als Institution gegenüber sozialen Krisen kann verschieden erklärt werden.

Die Kirche überall auf der Welt neigt dazu so auf den Himmel ausgerichtet zu sein, dass sie vergisst, was um sie herum passiert. Ein anderer Grund ist die enge Verknüpfung der Kirchenführung mit der Politik. Diese fehlende Distanz zu den politisch einflussreichen Kreisen, führt zur Knebelung der prophetischen Stimme in Zeiten der Krise.

Auch das Erbe der ostafrikanischen Erweckung enthielt Schwächen. Erstens war die »balokole« Bewegung so auf den Himmel ausgerichtet, dass sie vergaß, dass die Christenheit auf der Erde weiter staatsbürgerliche Pflichten hat. Dies führte zu einem naiven Glauben, der sich häufig als irrelevant erwies, wenn es darum ging mit sozialen Problemen umzugehen. Das wurde Anfang der neunziger Jahre vor dem Völkermord sehr deutlich, als einige christliche Organisationen begannen informelle Treffen und sogar öffentliche Versammlungen zu organisieren, um über die sozialen Pflichten eines Christen nachzudenken. Die »evangelikalen« Christen widersetzten sich häufig und taten solche Versammlungen als politische Propaganda ab.

Ein anderes Merkmal der Erweckungsbewegung war ihre Betonung des persönlichen Zeugnisses. Das ist sehr biblisch, aber die fehlende Ausgewogenheit entwickelte sich zu einer Schwäche in vielen unserer Kirchen: Zeugnisse beanspruchten in vielen Kirchenversammlungen mehr Zeit als alles andere. Das führte langfristig zu einer geistlich sehr armen Kirche mit vielen alten Leuten, die Zeugnisse geben können, aber die nicht predigen können und die biblische Botschaft nicht auf das tägliche Leben anwenden können. Dieses Fehlen von biblischer Lehre ist immer noch ein Schwachpunkt in der Kirche und wird es noch für eine lange Zeit sein, weil die Menschen nicht dazu ausgebildet wurden, an der Diskussion und am Meinungsaustausch über die biblische Botschaft Freude zu haben. Der Vorrang wird weiter dem Predigen gegeben und unglücklicherweise wird das häufig so schlecht getan, dass nicht für eine feste Gründung im Wort Gottes gesorgt wird.

Eine sehr ungerechte Kritik wurde gegenüber der Kirche geäußert und ich möchte mit einer Bitte um Objektivität schließen. Ich höre Menschen häufig sagen, dass die Kirchengebäude während der Massaker zu Schlachthöfen wurden. Das ist wahr, denn mehr Menschen wurden innerhalb von Kirchengebäuden getötet, als irgendwo sonst; aber dass sollte nicht der Kirche zur Last gelegt werden. Zuflucht in Kirchengebäuden zu suchen hatte eine Vorgeschichte, da in vorausgegangenen Massakern jeder, dem es gelang sich in eine Kirche zu retten, sicher war. Die Kirche war damals respektiert und als ein heiliger Ort geachtet.

Das Neue am Völkermord von 1994 ist, dass die Mörder, die davon wussten, nicht nur beschlossen die Kirchengebäude zu entweihen, sondern die Opfer auch ermutigten in diese geschlossenen Plätze hineinzuströmen, um ihre schmutzige Arbeit zu erleichtern. An einem Ort war diese Schändung so komplett, dass eine Gruppe von Mördern geistliche Gewänder anzog und zu den Straßensperren ging, um andere Mörder jedes Mal, wenn sie gerade ein Opfer töten wollten, zu segnen.

An einem anderen Ort hatten die Mörder einen Slogan gedichtet, der lautete: »Der Gott der Batutsi ist tot und sie werden nicht überleben.« Kein Kirchenführer war dazu ausgerüstet sich den gut ausgestatteten und ausgebildeten Mördertrupps entgegenzustellen und diejenigen, die versuchten sich zu widersetzen, wurden ohne Zögern getötet. Entgegen einer weit verbreiteten Annahme waren jedoch nur wenige Geistliche tatsächlich an den Morden direkt beteiligt.

Tröstet mein Volk!

Von Canon Jean Gakwandi
(übersetzt von Dr. Wolfgang Reinhardt)

Die Ruanda-Tragödie im April 1994 hat uns gezeigt, dass wir an einen lebendigen und liebenden Gott glauben, der in sehr unterschiedlicher Weise handelt. Dass in Ruanda in regelmäßigen Abständen Menschen ermordet wurden, hatten wir seit 1959 bereits in drei Dekaden erlebt. In diesen Zeiten wurden meistens männliche Tutsi hingerichtet, aber auch in geringer Anzahl Frauen und Kinder.

Im Jahre 1994 war es anders. Die Zielsetzung war jetzt die totale Vernichtung von uns Tutsis. Es ist deshalb ein Wunder, dass meine Frau, ich und unsere Kinder noch heute am Leben sind. Nach dem Ausbruch der Massenmorde am 6. April 1994 ist für uns jeder Tag, wenn nicht jede weitere Stunde des Überlebens, ein Wunder, besonders während der 89 Tage in unserer Zufluchtsstätte. Niemand kann verstehen, wie wir diese Ereignisse überlebten, es sei denn, er glaubt an den Gott, der Wunder tut.

Was wir während des Völkermordes 1994 erlebten, ist jenseits aller Vorstellung. Zuerst konnten wir nicht verstehen, warum wir verfolgt wurden, wir wussten, dass wir dem Herrn gehören und hatten keine politischen Ambitionen. Außerdem hatten wir keine andere »ethnische« Herkunft, außer der geistlichen Herkunft, nämlich, Kinder Gottes zu sein. Das ist was wir glauben. So haben wir keine andere »ethnische« Herkunft oder Rasse. Wir gehören dem lebendigen Gott. Wir sind seine Kinder. Hier gibt es nicht

Schwarz oder Weiß, Tutsi oder Hutu. Wir sind Kinder und Geschöpfe Gottes. Und dies ist bis heute unsere Überzeugung.

Jedenfalls, wir waren als Tutsi erkennbar und vorherbestimmt zu sterben, denn alle Tutsi sollten ausgerottet werden. Der Slogan auf den Lippen der Mörder war wochenlang vor dem Ausbruch des Genozid»Tuzabatsembatsemba«, das bedeutet, wir werden sie ausrotten. Alle radikalen, politischen Parteien hatten ihre Anhänger und besonders die Jugendlichen für dieses ethnische Vernichtungsprogramm ausgebildet.

Das Programm zur totalen Ausrottung meiner so genannten »Ethnie« begann 1959 mit der Vorbereitung der Unabhängigkeit. Ich war noch ein Kind, erinnere mich aber sehr genau daran. Wir mussten damals flüchten. Wir verloren einige Familienmitglieder aus unserer engeren und entfernteren Familie, außerdem meine Onkel. Unser Haus wurde verbrannt und bis auf die Grundmauern niedergerissen, alles Eigentum wurde gestohlen. Das Vieh wurde genommen, geschlachtet und gegessen.

Wir waren gezwungen in sehr schlechten Verhältnissen zu leben, bis mein Vater ein kleines Haus für uns bauen konnte. Ich erinnere mich, dass wir nach etlichen Tagen in Kigeme, wo wir in Schulen untergebracht waren, auf unsere Farm zurückgingen und unter freiem Himmel schlafen mussten.

Hilfsorganisationen waren in dieser Zeit entweder nicht existent oder nicht informiert über das Ausmaß der Massaker in Ruanda. In dieser Zeit wurden viele Flüchtlinge in Regionen gedrängt, wo Menschen nicht überlebensfähig sind wegen der Hitze und Krankheiten, wegen der Regenwälder und Savannen mit wilden Tieren, wie Löwen, Büffeln und Hyänen. Viele Menschen starben in diesen Gegenden. Viele andere flohen in den Kongo, nach Uganda und Tansania. Die, die blieben, versuchten zu überleben, darunter auch meine Familie.

1963 sah ich, wie Menschen getötet wurden. Niemand wird je sagen können, wie viele Menschen in der Weihnachtszeit 1963 umkamen. In unserem Dorf überlebten sehr wenige Männer dieses Massaker. Fast alle Kinder in meinem Alter, ich war damals 11 Jahre alt, wurden Waisen. Noch Schlimmeres geschah in benachbarten Orten, wie Kigeme, Kibirizi und ländlichen Siedlungen wie Rukondo, wo ganze Familien in den Rukarara- oder Mwongofluss geworfen wurden.

Zuhause waren die Psalmen Davids uns Hilfe und Trost. Mein Vater las während der blutigen Tage beständig in der Bibel. Es wurde uns wieder Eigentum genommen, aber die Familie überlebte nochmals. Es war in jenen Tagen, dass meine spätere Frau Viviane, die gerade 8 Jahre alt war, beide Eltern verlor. Sie wuchs auf als Waise. Es ist ein Wunder, dass sie mit ihren Schwestern, im Alter von acht und sechs Jahren, und einem dreijährigen Bruder überlebte. Es ging durch große Nöte, aber sie überlebten allein und wurden erwachsen.

Neben dem beständigen Morden sind die fortwährenden Kämpfe ums Überleben, denen wir ausgesetzt waren, wohl kaum vorstellbar. Diejenigen von uns, die Bildung genossen hatten, bekamen zwangsweise einen Stempel hinsichtlich der ethnischen Gruppe auf der Vorderseite des Ausweises. Das wurde später der »intellektuelle Genozid« genannt. Vielen begabten und klugen Kindern unter den Jugendlichen wurde wegen ihrer ethnischen Zugehörigkeit das Recht auf Bildung verwehrt. 1973 flohen viele junge Leute, als das Morden in den Schulen und verschiedenen Gegenden des Landes begann. Viviane gehörte zu denen, die nach Burundi flohen. Ich wurde mit Tausenden anderen zur unerwünschten Person erklärt. Die Arbeitsstelle wurde gekündigt oder man wurde aus dem Schulunterricht entfernt.

Zu der Zeit war ich seit drei Jahren gläubig, ein wiedergeborener Christ und getauft. In dieser schwierigen Situation wusste ich damals, dass ich überleben würde. Eines abends wurde ich gerufen, um meinem leitenden Arzt im Hospital bei einer Operation zu assistieren. Noch während ich die Hände wusch wurde ich gebeten, sofort zu gehen, nicht ahnend, was draußen auf mich wartete. Trotz allem fühlte ich mich stark und hatte keinerlei Bitterkeit in meinem Herzen. Einige Glaubensgeschwister fürchteten sich und hielten sich von mir fern. Mein Haus war ein Treffpunkt für Abendgebete, Anbetung und Gottesdienst. Jedermann war immer willkommen. Ein besonderer Raum war dafür frei gehalten. Nun waren aber etliche zu ängstlich zu kommen. Einige waren mutig und tapfer genug, um mit mir diese Zeit durchzustehen. Ich werde das niemals vergessen. Ich werde niemals das junge Mädchen vergessen, das gerannt kam, als es das Militärauto hörte, das sich meinem Haus näherte. Sie zog mich bei der Hand in ein Feld, hoch genug zum Verstecken. Der Herr stand zu seiner Verheißung und beschützte uns. Gott hatte mir bereits gezeigt, dass ich nicht fliehen soll, dass er allein mein Schutz ist.

Als der Völkermord am Abend des 6. April 1994 öffentlich ausgeführt wurde, erreichte uns eine Verheißung vom Herrn, nicht ahnend, was geschehen sollte. Wir fühlten, dass

Gott zu uns sprach. Das Wort erreichte uns durch die Abendlese des Tages aus »Daily Light«: »Gott, der Herr, ist wie eine starke Festung: Wer auf ihn vertraut, ist in Sicherheit« (Sprüche 18, 10).

Die Mörder kamen genau am darauffolgenden Morgen, am 7. April um 6.00 Uhr. Zu dieser Zeit waren bereits eine große Anzahl Menschen, die wir kannten, getötet, unter ihnen auch unser Nachbar. Im Ansturm auf unser Haus läuteten die Mörder am Tor, aber der Herr zeigte uns, nicht zu öffnen. Stattdessen wurden wir so geführt, dass wir uns im Vorratsraum unserer Küche versteckten, vier Quadratmeter groß. Wir beteten und baten Gott, den Mördern die Augen zu verschließen und sie zu irritieren, was er dann auch tat. Um das Tor zu öffnen, schossen sie es auf, und als sie sich dem Haus näherten, schossen sie auf alle Fenster und Türen und zerbrachen das Glas. Als sie uns nicht finden konnten, gingen sie.

Wir mussten 37 Stunden in unserem Versteck bleiben. Wir vermieden es, Geräusche oder Bewegungen zu machen, im Glauben, die Mörder seien noch immer da. Wir hatten keine Bedürfnisse etwas zu essen oder zu trinken. Jessie, unsere kleine Tochter, war damals vier Jahre alt; sie lag auf dem Boden unter einem Regal, denn wir hatten nicht genug Platz. In der Zeit hatte sie einen quälenden Husten, den sie auf wunderbare Weise kontrollierte, indem sie ohne Geräusche hustete!

Während der Nacht hatte ich den Telefonanschluss bis in unser Versteck gebracht. Es war uns möglich, mit einigen Leuten flüsternd zu sprechen und wir hörten, was geschehen war. Das Telefon ermöglichte uns, mit Hilfe unserer Partner in Holland, Freunde in der ganzen Welt zu erreichen und hinsichtlich des Geschehens zu informieren. Die Geschwister beteten für uns.

Freitag, 9. April. Es war 9.30 Uhr am Vormittag, ich ahnte es durch Intuition, dass in dieser Zeit etwas passieren würde. Um 9.30 Uhr hatte ich jeden zum Gebet aufgefordert. Tatsächlich kamen die Mörder zum zweiten Mal zurück. Wir baten den Herrn erneut, die Augen der Mörder zu halten und sie zu verwirren. Diesmal dauerte die Durchsuchung länger.

Sie versuchten sich an den Türen und schossen durch die Fenster. Sie schossen in den Kleiderschrank, dachten wohl, dass Menschen darin wären und schossen auf die Betten für den Fall, dass sich jemand darunter versteckt haben könnte. Dann kletterten sie zum kleinen Fenster unserer Zufluchtsstätte. Wir dachten, das wäre das Ende unseres Lebens, seit wir wussten, dass sie sehr häufig Handgranaten durchs Fenster in kleine Räume warfen. Ich bemerkte, wie Viviane die Kinder darauf vorbereitete zu sterben und ihre Seelen dem Herrn anzubefehlen und die Kinder sagten «Ja« durch Kopfnicken. In mir sagte ich »Nein«.

Ich wollte glauben, was der Herr uns gesagt hat, und ich wusste, es war wahr. Ich fing in meinem Herzen an zu beten und bat Gott, die Mörder zu irritieren. Schließlich verließen sie uns. Es ist notwendig zu erwähnen, dass Viviane in der Nacht eine Vision hatte, dass eine Armee himmlischer Engel unser Haus umstellte. Ich glaube, wir waren unter starkem, göttlichen Schutz. Wir wussten jetzt, dass es Zeit war, unser Versteck zu verlassen. Das Problem war, wie und wohin gehen! Gott hatte es auf seine Weise geplant. Einige Monate hatte ich Deutsch gelernt. Der Gedanke durchfuhr mich, Marianne, unsere Deutschlehrerin anzurufen, die sehr mitfühlend und besorgt war. Sie wollte etwas unternehmen, um uns zu retten. Wir wissen nicht, an wie viele Türen sie geklopft hat, um uns zu helfen. Letztendlich war sie erfolgreich. Wir hatten ein System von Telefonnummerncodes und Zeichen, sodass die Mörder nicht dahinter kamen und wussten, dass wir am Leben und im Versteck waren. Tatsächlich ist der zweite Angriff zurückzuführen auf Personen, die uns anriefen, woraufhin die Mörder ausgesandt wurden uns zu töten. Wir nahmen uns nun vor, auf keinen Anruf zu reagieren. Schließlich schaltete Marianne die Schweizer Botschaft ein, zu unserem Haus und unserer Zufluchtsstätte zu kommen.

Marie France, vom Schweizer Entwicklungsdienst, ist eine sehr tapfere Frau. Während sie durch die Straßen fuhr, sah sie Menschen, die töteten und andere, die getötet wurden. Sie fürchtete sich nicht und rettete Scharen von Menschen, von denen heute viele leben und diese Tatsache bezeugen können.

Viviane hatte Marianne erzählt, dass unser Haupttor offen war, weil es an dem bewussten Tag aufgeschossen worden war. Viviane würde ein rotes Tuch in den Vorgarten hängen als Zeichen für Marie France, dass das unser Haus und unsere Zufluchtsstätte war. Ein Wunder geschah. Als Marie France ankam, strolchten keine Mörder herum, unsere Straße war leer. Sie konnte die Mörder an der nächsten Straßenecke sehen, wo sie eine Patrouille durchführten. Sie konnten ihr deshalb nicht folgen wohin sie gehen würde und warum. Die Schweizer Flagge an der rechten Seite von Marie Frances Auto war eine zusätzliche Hilfe um ein sicheres Durchkommen zu garantieren. Wir quetschten uns mit acht Personen in den Toyota. Als wir unser Haus verließen, befand sich wenige Meter an der linken Seite des Autos eine Straßensperre. Entweder sie bemerkten uns nicht oder sie waren nicht daran interessiert, uns zu kontrollieren.

Es schien mir unwirklich, als wir bei Marianne und Wolfgang Schmeling eintrafen. Wir stießen auch auf zwei weitere Flüchtlinge. Wolfgang arbeitete für eine Schweizer Gesellschaft. Wie Marie France, ihre Nachbarin, ist auch dieses Paar eine liebenswerte Familie. Wir wussten, dass es gefährlich war, Leute wie uns zu verstecken.

Sogar belgische Soldaten waren getötet worden, weil sie den unerwünschten Premierminister versteckt hatten. Es ist nicht leicht zu verstehen, wie Menschen ihr eigenes Leben riskieren konnten, um uns zu schützen. Wir verdanken ihnen viel. Wolfgang und Marianne sind wirklich wunderbare Menschen. Ihr Haus mit drei Schlafzimmern diente nun neun Menschen plus ihres eigenen Hausstandes von vier Personen. Wäre es möglich gewesen noch viel mehr Flüchtlinge in ihrem Haus willkommen zu heißen, sie hätten es mit großer Freude getan.

Tatsächlich konnte Marie France am Samstag, 9. April, noch eine andere verfolgte Familie aus der Gegend von Nyamirambo herausholen, die aus acht Personen bestand und nun zu uns stieß. Wir waren nun insgesamt 21 Personen. Marianne und Wolfgang teilten alles was sie hatten und identifizierten sich total mit uns. Die Schmelings sind eine Familie von drei Personen. Sie lebten mit ihrem Angestellten Alphonse und dem Hund Lora. So mussten die Lebensmittel für diese kleine Familie von drei bis vier Personen mit 17 weiteren Menschen geteilt werden. Ich glaube, das ist Liebe in Aktion. Wir erfuhren auch, dass Marie France ihrerseits bereits 35 Personen in ihrem Haus beherbergte. Das ist wirklich einmalig. In dieser Zeit sah es aus, als ob niemand daran interessiert war, was geschah. Nur selten waren Menschen erschüttert über das Leid derer, die ermordet wurden. Ich glaube, wenn viele Menschen die Möglichkeit zum Handeln genutzt hätten, wären noch viele Menschenleben auf ähnliche Weise gerettet worden.

So war das Haus der Schmelings für 89 Tage unsere Heimat. Hier hatten wir nur für wenige Stunden Ruhe. Anzeichen von Gefahr lauerten auf der Straße. Wir wurden angewiesen, nicht hinauszugehen. Wenige Minuten nach unserer Ankunft veranlassten uns Schreie auf der Straße, uns in den Toiletten zu verstecken. Es war nötig, die Leute glauben zu lassen, dass hier nur die Schmelings wohnten.
Inzwischen wurde allen Ausländern geraten, das Land umgehend zu verlassen. Das war schwer für Wolfgang und Marianne, uns allein zu lassen. Aber sie bekamen von allen Seiten Druck. Und wir verstanden, dass es notwendig war. So verließen sie uns zwei Tage später. Drei weitere Personen unter den Flüchtlingen erhielten die Möglichkeit mit ihnen auszureisen. Sie erreichten die Schweiz wenige Tage später nach einem kurzen Aufenthalt in Burundi. Vermutet wurde draußen, dass Leute im Haus sein könnten. Das hörten wir über den Angestellten Alphonse, einen guten Mann, einen wiedergeborenen Christen. Er war nicht bedroht wegen seiner ethnischen Zugehörigkeit. Um uns zu helfen, bat er uns, uns gut zu verstecken und aufzupassen, keinen Krach zu machen oder andere Handlungen, sodass Leute denken könnten, dass in diesem Hause Menschen leben.

So wurden die Gardinen geschlossen und einige versteckten sich in Kleiderschränken, glücklicherweise gab es viele in diesem Haus. Einige versteckten sich im Schornstein, diejenigen, die keinen Platz an einem sicheren Ort finden konnten, gingen unter die Betten. Vorsorge wurde getroffen, nicht zu rauchen, für die, die daran gewöhnt waren. Wir lebten im Dunkel, fast eine Woche lang.

Während dieser Zeit versorgte uns Gott in besonderer Weise. Es wird mir deutlich, wohin wir auch mit dem Herrn gehen, seine Gnade ist immer bei uns und befähigt uns. In Zeiten großer Verzweiflung und unter Stress benötigt der Mensch viel Flüssigkeit. Als wir aus den Kleiderschränken nicht heraus konnten um Wasser zu holen, regnete es sehr heftig, das macht ein starkes Geräusch auf dem Wellblechdach, so krochen wir in das Badezimmer um Wasser zu holen. Sonst könnte der Krach im Haus Aufmerksamkeit erregen und das würde das Ende für uns bedeuten. Wir konnten nur flüsternd miteinander reden, wenn wir sicher waren, dass niemand in der Nähe war. In der Dunkelheit sahen unsere Augen verschwommen und wir verloren unsere Stimmen. Mörder gingen ums Haus und bedrohten Alphonse, dass man ihn töten würde, wenn Menschen im Haus gefunden würden. Manchmal sprachen sie über ihre Tötungsrekorde, einige prahlten damit, 20 oder mehr Menschen getötet zu haben. Nicht weit vom Haus entfernt, etwa 10 m, wurden weiterhin Menschen bei der Straßensperre ermordet, darunter auch Menschen, die wir gut kannten.

Doch wie konnten wir ohne Nahrungsmittel überleben? Gott gab uns seine Verheißung aus Sprüche 10, 3, dass er die, die ihn lieben, niemals hungern lassen will.

Das wurde zur Realität am zweiten Tag unseres Aufenthaltes in den Kleiderschrank-Zellen. Ich war froh darüber, die kleine Jessie mit mir in der Zelle von 50 x 60 x 120 cm aufzunehmen. Ich konnte bereits ihre Rippen zählen, weil sie beständig abnahm. Ich fürchtete, dass sie dabei war, zu verhungern. Dann fühlte ich etwas an meinem Knie. Es war sehr dunkel. Ich nahm es und fühlte, dass es irgendwie weich war. Ich roch daran und es roch nach Schokolade. Als ich es schmeckte, war es wirklich Schokolade, die vom oberen Brett meiner Zelle geflossen war. Ich streckte meinen Arm aus und fand auf dem Brett eine ganze Menge Schokolade und andere Süßigkeiten. Das war unerwartetes Manna, das uns zur rechten Zeit von oben erreicht hat. In unseren Verstecken wurde uns immer wieder die besondere Fürsorge Gottes gezeigt. So litt ich oft an Ischiasschmerzen in meinem rechten Bein. Es ist unvorstellbar, aber ich konnte in dieser Position über Tage krumm stehen. Viviane litt sonst unter asthmatischen Anfällen, wenn sie Schränke öffnete. Nun war sie fähig, sogar darin zu leben und brauchte nicht einmal zu niesen.

Am 15. April, als wir genau fünf Tage in unseren Zellen waren, wurden wir entdeckt. Wir waren dort versteckt, zusammen mit einem Priester, der einen Armeekaplan rief, der ihn herausholte. Als er herausging, wurde bemerkt, dass noch andere Leute im Hause waren. Wir wurden aufgefordert, herauszukommen. Ich ging zuerst heraus. Die Soldaten wurden begleitet von einem Mob, bewaffnet mit Granaten, Speeren, Bogen und Gewehren. Einer forderte, eine Granate auf uns werfen zu dürfen. Ich fühlte keine Angst. Überraschenderweise war der verantwortliche Soldat einer meiner Patienten. Er fragte mich, was ich hier tue. Ich sagte ihm, dass wir uns hier verstecken und falls er es wissen will, kann er in mein Haus gehen und sehen, dass dort überall herumgeschossen wurde. Er fragte mich, wer die anderen Leute wären. Ich stellte jeden als ein Mitglied meiner Familie vor, obwohl ich nicht mal ihre Namen kannte. Ich erinnerte daran, dass wir in Dunkelheit lebten. Wir sahen, wie die Leute ihre Waffen senkten, und wir wurden gebeten, in das Haus zurückzugehen. Uns wurde gesagt, hier zu verbleiben, bis unsere Sache verhandelt würde.

Wir waren irgendwie erleichtert, obwohl wir wussten, dass unsere Stunden nun gezählt waren. Wir konnten wieder Licht sehen und im Wohnzimmer sitzen. Wir konnten die übriggebliebenen Vorräte von Marianne nutzen und etwas essen. Wir konnten ein wenig miteinander reden. Wir hatten nichts mehr zu verlieren. Wir waren entdeckt.

Der Offizier kam und sammelte unsere gefährlichen Ausweise ein. In den Ausweisen war unsere ethnische Zugehörigkeit vermerkt, ein Papier, das schon Hunderttausende zum Tode verurteilt hat. Ich habe im Stillen geglaubt, dass wir überleben würden. Später am Abend kam die Regierungspolizei zurück mit zwei weiteren Soldaten. Claude, einer, der mit uns war, wurde zur Straßensperre gebracht und dort getötet. Er war der erste Flüchtling, der zu den Schmelings gekommen war. Unserem Hausmädchen sagte man, dass auch unsere Stunden gezählt waren. Wir beteten für die Mörder. Wir baten Gott inständig, sie vergessen zu lassen, dass wir hier noch leben.

Tage vergingen. Nun war der Kampf im Gange mit den FPR-Truppen. Die Bomben fielen überall auf das Grundstück. Das gefiel uns. Wenn der Kampf heftig war, freuten wir uns, denn die Mörder fürchteten sich davor herumzulaufen. Die Kugeln flogen überall, draußen und auch ins Haus. Einmal entging ich einem fingerlangen Geschoss, das durch das Fenster und die Tür flog und den Boden traf, gerade als ich dort ging. Eine Granate von vielen explodierte im Vorgarten und zerbrach Fenster und Türen, aber niemand von uns wurde verletzt. Während einige Leute es vorzogen, in dieser Situation draußen zu sein, legte uns der Herr auf, drinnen zu bleiben.

Unser Gott hat einen wunderbaren Sinn für Humor. Da war ein Baum mit reifen Avocados. Natürlich konnten wir nicht hinausgehen, um sie abzupflücken. Das Risiko gesehen zu werden war zu groß. Ständig fielen Kugeln. So kam eine Bombe, traf den Baum und alle Avocados fielen herunter. Der Herr wusste, dass wir sie brauchten. Für einige Tage schossen Pilze heraus, rund um das Haus und sogar auf dem Zementboden. Ich erinnere mich nicht mehr daran, wie viele Tage wir von ihnen gegessen haben, aber sie waren wirklich köstlich. Wir mussten sie jeden Tag ernten. Sie verdarben, wenn wir versuchten, sie über Nacht aufzubewahren. Der Angestellte erzählte uns, dass er sie noch niemals zuvor auf dem Grundstück gesehen hatte.

Wir erhielten Wasser durch verschiedene wundervolle Interventionen. Das Wassersystem war für einige Tage ausgefallen. Wenn der Wassertank leer war, kam Wasser von irgendwoher, ihn erneut zu füllen, später versiegte es. Oder es regnete in einer normalen Trockenzeit. Gott tat das für uns, weil wir nicht nach draußen gehen konnten, um Wasser vom Tal zu holen, wie andere.

Berichte von weiteren Morden gingen durch die Stadt und erreichten unsere unmittelbare Umgebung. Einmal sahen wir, nur wenige Meter vom Haus entfernt, wie Menschen auf der Straße hingerichtet wurden. Ein junger Mann war angeschossen worden und blieb drei Tage blutend liegend, flehend, dass es zu Ende sein möchte. Niemand bot sich an, seine Bitte zu erfüllen, bis er starb. Drei andere junge Leute wurden in die Latrinen des Gasthauses geworfen und gesteinigt, bevor sie starben. Menschen, die sich auf kirchliche Grundstücke und in die Kirchen um Kigali geflüchtet hatten, wurden dort in sehr großer Zahl getötet.

Später, nach dem Krieg, erfuhr ich, dass meine Mutter von einem Buschmesser getroffen und blutend mehrere Tage in einem Graben zurückgelassen wurde, bevor sie starb. Meine Großmutter, schon 99 Jahre alt, wurde bei lebendigem Leib verbrannt und die Familie meines Bruders David mit Kindern und Frau wurden in die Latrinen geworfen und lebend begraben. Mein Vater bekam die Chance durch ein Schwert getötet zu werden. Seine Mörder berichteten, dass er leise gestorben war. Ich habe allein auf der Seite meines Vaters 99 Verwandte verloren, die ich namentlich benennen kann. Wir waren zehn Kinder zu Hause und von allen haben nur noch zwei Schwestern überlebt. Alle anderen wurden vernichtet, gemeinsam mit ihren Familien. Ein Bruder hat zwei Kinder zurückgelassen und eine Witwe, die überlebten. Viele starben durch schreckliche Gräueltaten. Diejenigen, die Geld hatten, boten hohe Summen dafür, schnell erschossen oder von einer Granate zerrissen zu werden. Ein Privileg, das nicht vielen gewährt wurde.

Diese Situation dauerte bis zum 4. Juli an, als die FPR Kigali übernahm. Zu dieser Zeit konnten wir unseren Augen und Ohren nicht trauen. Tatsache ist, dass wir nun nach draußen gehen konnten in den Sonnenschein, dass wir laut sprechen konnten oder einfach singen, alles was uns in den letzten drei Monaten unmöglich war.

Wir waren erschüttert zu erfahren, wie viele von den Menschen, die wir kannten, tot waren. Wir fühlten uns allein und sehr einsam. Es war schwer, über die Zukunft nachzudenken. Wir kümmerten uns nicht um unsere Bedürfnisse, materielle Dinge hatten keine Bedeutung mehr für uns. Was wir brauchten, war allein Frieden und Freiheit, nichts anderes. Wir waren Gott sehr dankbar, der das ermöglicht hatte.

Psychisch waren wir natürlich in einer sehr schlechten Verfassung. Der Herr war uns so nah, dass wir immer wieder ermutigt wurden. Er sprach zu uns durch sein Wort und wir beteten unaufhörlich. Wir hatten drei Gebetstreffen pro Tag und eine Trauerzeit am späten Abend. Wir wurden getröstet durch Gottes Wort und aus dem Wort ernährt. Es ist unbegreiflich, die Zusicherung unseres Überlebens zu haben, wenn wir hörten, dass Menschen um uns herum auf der Straße und im Nachbarhaus getötet wurden, zu begreifen, dass wir gejagt waren wie sie.

Die meiste Zeit war die Gruppe total entmutigt und furchtsam. Es war eine schwere Aufgabe, die Moral der Gruppe zu beleben. Es war wichtig zu zeigen, dass ich stark war sie zu ziehen, obwohl ich zu gewissen Zeiten selbst danieder lag. Wir wussten, dass rund um die Welt für uns gebetet wurde, und das stärkte mich. Eines unserer regelmäßigen Gebete war, Gott zu bitten, unsere Geschwister rund um die Welt wissen zu lassen, dass wir noch am Leben waren, und sie dazu zu bringen, für uns zu beten. Es war schwer zu glauben, dass Menschen in diesem Stadtteil überleben konnten. Ein anderes Problem war, dass wir von der ganzen Welt abgeschnitten waren. Kein Telefon, keine Person, die jemanden informieren konnte, was geschehen war, mit Ausnahme der Nachrichten und Sendungen des TRLM mit einem Radiowecker, der den Schmelings gehörte.

Wir waren abgeschnitten von der Welt. Furcht, Qual und Verzweiflung wurden unser tägliches Brot. Wir wurden alle verhärtet und verloren natürliche Emotionen. Keiner konnte lächeln oder lachen. Keiner fröhlich oder traurig sein. Nicht einmal weinen oder schreien. Eines der jungen Mädchen, die mit uns war, erfuhr, dass ihr Verlobter getötet wurde. Sie zeigte keine besondere Reaktion. Eine andere erfuhr, dass die Eltern in Kibungo enthauptet wurden, und sie zeigte gar keine Reaktion. Als diese Informationen uns erreichten, war die Telefonleitung noch in Funktion. Ich selbst erfuhr, dass mein Bruder getötet wurde und glaubte, dass auch meine Eltern und andere Brüder und Schwestern getötet wurden, was dann auch wirklich so war.

Ich hatte keinerlei Gefühle mehr, außer, dass meine Kehle trocken war. Dieser Zustand hielt etwa ein Jahr lang an, und ich verstehe, dass wir niemals dieselben sein werden wie vor der Tragödie.

Ein anderer Effekt in unserem psychologischen Leben ist, dass Kinder kleine Erwachsene wurden. Sie begründen wie Erwachsene und reagieren wie Erwachsene.

Ich bemerkte, dass ich erst bei besonders emotionalen Ereignissen wieder menschlich reagierte, so bei einem Treffen von etwa 400 Witwen, alle weinten und ich weinte auch. Etliche von ihnen sind völlig allein und hatten doch zuvor große Familien und Kinder. Andere, sehr junge Frauen, 19 bis 30 Jahre alt, gerade verheiratet, mit einem oder noch keinem Kind. Alles, was sie je besaßen, war ihnen genommen. Ihre Häuser waren zerstört, die Familie nur noch bestehend aus ein oder zwei Personen, sie hatten ein oder beide Augen verloren, körperlich missgestaltet, auf unmenschliche Weise vergewaltigt ... sie hatten unsäglich gelitten.

Sie erzählen unglaubliche Geschichten, sie waren begraben und wieder aus dem Grab genommen worden unter Tausenden von toten Körpern. Sie haben große Narben oder Wunden, geheilt ohne chirurgischen Eingriff, einige Geschichten wissenschaftlich unglaublich. Wunder! Sie preisen Gott und organisieren Treffen allein zu diesem Zweck.

Wir haben auch erfahren, wie seine Gnade auf mancherlei Weise für uns sorgt. Manchmal frage ich mich, wie es möglich ist, dass ich nicht verrückt geworden bin. Während ich dies schreibe, zeigt das Fernsehen Bilder von Murambi Gikongoro, wo mehr als 40 000 Menschen ermordet wurden. Jetzt werden 23 000 von ihnen exhumiert und ich weiß, unter ihnen sind meine Brüder David und Vianney und meine Schwester Veneranda und eine größere Anzahl Cousins und Cousinen. Und ich fühle mich gesund! Ist das nicht auch Gnade Gottes? Ich weiß, dass die meisten, wenn nicht alle, zum Herrn gegangen sind. Denn in jenen Tagen hat jedermann sein Leben in Gottes Hand gegeben. Darum sage ich auch, die Evangelisation dieses Landes ist nicht vergeblich gewesen.

Vielleicht hat die Kirche als Institution versagt. Und leider erkennen wir, dass die Geschwister in der ganzen Welt bereits von der Kirche als Institution falsch informiert sind über die Tragödie, die geschah. Ich glaube, dass unser Herr Jesus viel gelitten hat über dem, was geschehen ist. Er lebt und er spricht. Ich bin überzeugt, dass Geschwister, die die Wahrheit und ihren Weg zu diesem Geschehen suchen, erfahren, wofür sie beten sollen. Der Heilige Geist wird sie in alle Wahrheit führen. Täglich sehe ich die Folgen dieses Geschehens im Leben von Menschen. Viele sind tief traumatisiert, aber sie alle möchten Jesus besser kennen lernen und wir wissen, dass dies unsere Aufgabe ist. Wir überlebten zu diesem Zweck.

Am 27. April 1994, auf dem Höhepunkt des Genozid, war meine Familie bereits ermordet. Gott gab mir Psalm 118, 17: »Ich werde nicht sterben, sondern am Leben bleiben und erzählen, was der Herr getan hat!« Die Werke des Herrn sind immer die frohe Botschaft, das Evangelium. Allen und besonders den Bedürftigsten, den Einsamen gilt dieser Trost. Ich denke, das ist eine der wichtigsten Botschaften für unser Land. Trost. Der Herr sagt: »Tröstet, tröstet mein Volk!« (Jesaja 40, 1) und »Kommet her zu mir alle, die ihr mühselig und beladen seid, ich will euch erquicken« (Matthäus 11, 29).

Jetzt ist es Zeit, genau das zu tun, die Verzweifelten, die Einsamen, die Hoffnungslosen zu Jesus Christus zu führen, der unsere Hoffnung ist und ihnen den Trost gibt, den sie brauchen.

Nähere Auskünfte über Solace Ministries bei:

Dr. Wolfgang Reinhardt,
Brandenburger Str. 16,
33602 Bielefeld
Tel. 0521-1365922, E-Mail dunir@uni-bielefeld.de

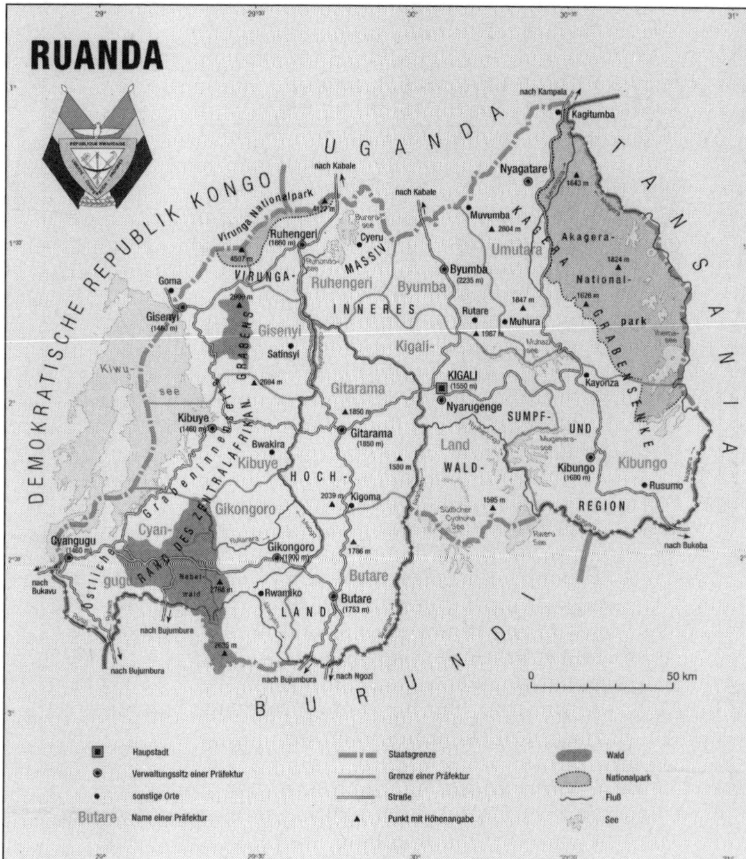
RUANDA
UGANDA
TANSANIA
BURUNDI
DEMOKRATISCHE REPUBLIK KONGO
nach Kampala
Kagitumba
nach Kabale
nach Kabale
Nyagatare
Virunga Nationalpark
Ruhengeri
(1860 m)
Cyeru
Muvumba
VIRUNGA-
MASSIV
Ruhengeri
Byumba
(2235 m)
Byumba
Umutara
Akagera-
National-
park
Goma
Gisenyi
(1460 m)
Gisenyi
Satinsyi
INNERES
Rutare
Muhura
Kigali-
Kiwu-
see
KIGALI
(1550 m)
Nyarugenge
Kayonza
Gitarama
Gitarama
(1850 m)
SUMPF-
UND
Kibuye
(1460 m)
Bwakira
Kibuye
HOCH-
Land
WALD-
Kibungo
(1680 m)
Kibungo
Rusumo
REGION
Kigoma
Gikongoro
Gikongoro
(1900 m)
Cyan-
Cyangugu
(1460 m)
gugu
nach Bukavu
Butare
Butare
(1753 m)
Rwamiko
LAND
nach Bujumbura
nach Bujumbura
nach Bujumbura
nach Ngozi
nach Bukoba
0
50 km
Haupstadt
Verwaltungssitz einer Präfektur
sonstige Orte
Butare
Name einer Präfektur
Staatsgrenze
Grenze einer Präfektur
Straße
Punkt mit Höhenangabe
Wald
Nationalpark
Fluß
See